古调新歌

——白石道人歌曲续编

金宝 王晨旭 著

文匯出版社

致读者

《古调新歌》是由金宝、王晨旭合著,根据《白石道人歌曲》续编,集古词原作、古曲曲谱及当代创作的古体词调新歌合为一书的专著。打开这本书,你不仅能够看到八百年前姜夔所作《白石道人歌曲》词调原曲八首,更能完整地听到根据"白石道人自度曲"原作完整新制的"新词调歌曲"二十首。这些歌曲无一不来源于八百年前宋词音乐遗存。书中更复原了唐宋词调古曲十二支。

《古调新歌》中的每一则词调都由若干部分组成:

第一部分:《白石道人歌曲》原作与续编词作诗帖。

《古调新歌》对古今词作分别进行了相应字词与生僻字的诠释、注解,另附注赏析,方便读者理解词作内涵。

书中的古调乐曲或新制词调歌曲附有二维码,你可以通过"扫一扫"来识别对应曲谱或词作的二维码,来聆听古调乐曲的演奏、范唱和新词调歌曲的演唱。

第二部分:续编曲谱部分,一般为古调复原谱(用五线谱记谱)或新歌曲谱(用简谱记谱)。

古调是《白石道人歌曲》中未曾记录的词牌古调复原谱。这些乐谱多来源于唐宋音乐古籍遗存或与其相关的间接音乐资料。补曲者根据考证和分析,将一些断句明确、易于学唱的古调使用"不计节拍"的方式记谱,对于一些个性风格特别明显、需记录节拍辅助的古调谱"记录节拍"。

新歌是根据《白石道人歌曲》"自度曲"原作基因提取、新制的新词调歌曲。分别包含了姜夔原词所谱新歌(如《侧犯》),根据金宝词作所谱新歌(如《长亭怨慢》等),根据姜夔、金宝二人词作相和而作的新歌(如《杏花天影》等)以及在金宝词调歌曲基础上点缀姜夔原作元素的一些新歌(如《鹧鸪天》)。

需要注意的是,在这些新歌的创作与演绎中存在着普遍的"二度创作"现象。歌者更是在范唱诗词过程中、情感抒发之余,对词调原作进行不同程度的二度处理,这些二度处理体现在如下方面：

1. 词作基础上"衬词、衬字"的增加（如《虞美人》《浔》）。

2. 个别字词在演唱中的"二度创作"，编者在乐谱处均以记号"*"标明。

3. 在新歌《水调歌头》意境延展之处，也有针对词作进行部分省略、推动音乐延展的处理方式。编者在乐谱处以记号"（*）"作了标明。读者既可以聆听新歌中的情感延展之妙，亦可以根据古调《水调歌头》记谱了解其完整的传统韵律。

新歌一般附有设计图及说明。旨在帮助你更好、更深入地理解它们与白石道人古调之间的联系，揭示新歌旋律基因及灵感来源，以期启发你的音乐、文学感悟与灵感。

姜夔，是我的一道坎，也是我的词学软肋。唐宋诗词名家，我都敢于手谈，惟于姜夔，始终不敢企及。不是文字的问题，而是音乐。我于音乐，是个门外汉。

姜夔，千年可数的精于音韵的大词人、音乐家。词、曲在姜白石的笔下，达到了有宋一朝，乃至中国古代的高峰。

这个萦怀不去的情绪，在认识当代青年天才作曲家王晨旭以后可以释怀了。一个偶然间，晨旭请我复制一下姜氏的《杏花天影》。由此，我用一个笨功夫破解了姜氏乃至词曲的音韵密码。通过"用韵""次韵""步韵"的方式，复制每一首词的每一个字音！一口气全部复制完成。这是一个不通古代音律而又取法古人的最初级、最愚笨、最艰苦、最有效的土办法。它逼迫我把遣词造句的功夫锤炼到了炉火纯青、登峰造极的地步！复制的每一首词曲，都是殚精竭虑、呕心沥血之作，比之姜氏，苦岂十分！每每回忆写作过程，不禁愕然、忿然、恍然、释然，诚有耗尽心力、悲欣交集之感。

八百年来，姜白石之词曲几成绝学，近乎失传。莫非天意或是与姜白石有着千年之缘，让我在姜白石仙游八百年的前夕完成此千年遗愿。感谢白石，感谢晨旭，让《古调新歌》活在今天，活在人间。

二〇二〇年十一月廿九日于芥雨轩

金宝 /

曲作者序

于我而言，为这本书来做一篇序言用以自述，或是件美差。我试想着：若这些文字能有助于读者深入了解作品，读得懂艺术家姜夔、诗人金宝乃至身为曲作家的我，就实在是好事。

和大多数认识姜夔的人一样，我对姜夔的喜爱始于他的那首《杏花天影》，我甚至还根据这首古调创作过室内乐。早些时候，在我还是个青葱少年的时候，每每遇到生活瓶颈、学业困顿，就常径自向园中踱去。彼时，我耳机里单曲循环的便是《杏花天影》。俄尔，暮霭轻掩住太阳，渐空中洒下些毛毛雨，也不去管会有几滴落在身上，就那么听着、走着。只要心别太急，待云霭散去；那些"绿丝低拂""满汀芳草"便成了我的梦里花园。

直到有一天，我跟金老师偶然提起这个对宋代艺术起到极大影响的姜夔。霎时间，我看到一双闪着天光的眼。从那时起，我便知道姜夔的美即将再现，"花事重说"。

一段时间以后，我收到了三十四首根据姜夔旧韵翻写的新作，不禁惊叹！接下来，我和金宝老师各自在对古典音乐文化学习、研究、深度挖掘、追求理性严谨制曲的过程中，又试图在音乐风格上跨越中国南北方地域鸿沟，使"南弹"式的清丽典雅与"北鼓"式的豪迈粗犷在新时期共融。我们有意最大限度地提取中国古典音乐与西方流行音乐的核心特征，竭力沟通古今，挖掘每篇词曲的内在张力和深度，以期传承发展、焕发新生机。

十二首古调的复原补曲工作是有些不易的，为了圆"窥唐宋古调原貌"的夙愿，让我不得不在残章断简中竭力找寻千年前的唐宋古韵；又不得不在纷乱的古籍遗存和可考的各样演绎版本中权衡。每每复原一篇古调，似乎就看到姜夔得到《霓裳中序第一》时的开心。更有好几次在对古调进行分析时，感觉姜夔就在身旁。而当我根据姜夔古曲进行翻制的每一次，我都以为自己就是姜夔。

王晨旭

在对古调的研究补曲中，我是第一次了解为何中国古代音乐译谱几乎都不记录节奏，只对声韵、指法等进行记录。我第一次意识到中国古代音乐传承因何千人千面、众口不一。并非是古人慵散，而是中国古代音乐家们早早便意识到词曲的演绎与字词本身的韵律平仄、情境心态息息相关。细想来，中国古代的记谱方式有它所独有的优势。只要稍有些韵律基础和文学素养的人，通过字词结合、意境理解和音韵参考，推敲出一篇谱字实在不难。

在与姜夔把臂同游、同寝同食的五百四十个日夜，我真正"认识"了姜夔。对于姜夔，我同情、羡慕，经常觉得望其项背。我常和朋友戏言：宋代若有"网红"，姜夔必是"顶流"。然而，我想会有更多人在印象里把姜夔只当做个天资卓著、仙风道骨、不谙世道的宋代"鲜肉"。怕是很少会有人知道他的胸怀、他的抱负、他的诗里河山和身许国家之志。就是这样一个拥有着非凡绝学的"仙才"，苦于无法"补天"，虽有伤怀，却常淡然。姜夔啊，你会不会在心里暗自偷哭了几万次？

坦率地讲，我似乎比一个生活在历史动荡期、国破家亡、屡试不第、早年便伶仃一人的姜夔幸运太多。我生活在这个国家如此富足且充满希望的时代，那些深爱我的人——我的亲友、师长也都一直支持、撑托我的成长，成了我各方面压力的共同承担者。我自小就在不同城市求学的经历又让我对姜夔的漂泊和孤独感同身受。当然，还有爱情……

姜夔是中国古代音乐史中难被雪藏的一朵奇葩。他的词学地位曾在三百年前，几度居于顶峰。我在中国音乐历史的研究学习中认识姜夔，只是遗憾直至今日方才云里雾里、似有似无地读懂姜夔。恍然间，我已步入而立之年。

《古调新歌》或许是我在近两年来，甚至是我从事作曲专业创作以来首次将全心的浪漫、人生的境遇实感和种种爱的过往回忆一股脑地塞进同一本书。情至深处，每每无语凝噎、欲哭无泪、辗转反侧、身心俱疲。一整本书写就，那些爱的过往好像都似云烟般被一同封锁在了这本书中；其间，我不止悉知了词人之才，也似乎真懂得了他们的"选择"，像和他们自己一样过活了一生。

　　来吧，请放下压力、烦恼、不开心。让我们学会像姜夔一样潇洒，一起从容地共一场浪漫的梦吧！下一个八百年，也许世上还会出现相似的"你我"，一样吟唱着"姜夔"的"新词曲"，一样找寻着自己的梦里花园。待那时，谁又是下一个姜夔呢？

二〇二一年九月四日于信心斋

姜夔简介

姜夔（约1155—1221），字尧章，号白石道人，江西鄱阳人。一生清贫，游历江湖之间。精诗词、善书法、通音律，尤善为自度曲，词作风格清空骚雅，隽永脱俗，在艺术成就上与辛弃疾比肩。

姜夔少时随父居于汉阳，稍长后游历江淮一带，行迹不详，但据夏承焘先生考证，姜夔在二十岁至三十岁（淳熙三年至十四年）这一时期与一位（也可能是姊妹二人）合肥女子相恋，《一萼红》《杏花天影》等作品便记叙这段情遇。淳熙十三年（1186），姜夔结识诗人萧德藻，萧赏识其才，以侄女妻之，随后一同迁居湖州。经萧介绍，姜夔结识杨万里，后又于绍熙二年（1191）结识范成大，《暗香》《疏影》即作于此时，范以歌女小红赠姜夔。自绍熙四年（1193）后十年，姜夔寄食贵胄张鉴、张镃门下，但始终仕途不顺，未得重用。约庆元五年（1199）时，姜夔与辛弃疾结识，从《汉宫春》《永遇乐》等篇中可见其受辛词之影响。晚年居于杭州西湖，生活贫苦，以鬻文卖字度日。大约于嘉定十四年（1221），姜夔病逝于杭州，贫不能殡，在吴潜等友人的资助之下葬于钱塘门外西马塍。

然而，理解姜夔其人其作，宏观时空视角亦不可或缺。作品串接起的，乃是作者完整的生命轨迹。南宋朝廷衰弱，灰暗时代中的个人也缺乏积极开创的精神面貌，反映在姜夔身上，便是他空灵幽远的词作风格。姜词朦胧清冷，有一部分词作甚至晦涩不明（例如《暗香》《疏影》），极易令人联想到时代的哀伤。姜词中的空间形象也值得关注，他所游历的江淮一带本是繁华富庶之地，但由于南宋与金朝的隔江对峙，这一地域在当时已属边境，因此姜夔笔下的城市多有"巷陌凄凉"之感（《淡黄柳》小序）。

姜夔偏爱冷色调字眼，但这并不意味着姜词情绪冷淡，相反，姜夔极善以冷字写热情，这一点在他的恋情词中体现得尤为鲜明。恋情是他在身世之外的另一大重要主题，且几乎完全围绕合肥恋情而作，词中情感哀婉真切，且极善造境，词作兼融叙事与抒情。其中，《鹧鸪天·元夕有所梦》一篇尤为动人。此篇应作于姜夔与恋人相识二十年后，距离他们最后一次相见也应过去十年，但姜词依然情切，有"人间别久不成悲"之警语。

姜夔糅合周邦彦与江西诗派之长，于婉约、豪放两派之外，别立"清雅"一宗，且精通音律，有十七首词作附有工尺谱，是唯一完整流传至今的宋代词乐文献。在某种意义上，姜夔是南宋文士审美理想的确立者与代表人。

目录

致读者

序　　　　　　　　　　　　　　　　　　　金　宝

曲作者序　　　　　　　　　　　　　　　　王晨旭

姜夔简介

杏花天影·绿丝低拂鸳鸯浦　　　　　　　　001
（白石原韵）

杏花天影·皖江斜思金陵浦　　　　　　　　002
（翻白石旧韵）

暗香·旧时月色　　　　　　　　　　　　　007
（白石原韵）

暗香·月前失色　　　　　　　　　　　　　008
（翻白石旧韵）

疏影·苔枝缀玉　　　　　　　　　　　　　014
（白石原韵）

疏影·香魂失力　　　　　　　　　　　　　015
（翻白石旧韵）

淡黄柳·空城晓角　　　　　　　　　　　　019
（白石原韵）

淡黄柳·南风侵北   020
（翻白石旧韵）

扬州慢·淮左名都   024
（白石原韵）

扬州慢·千古扬州   025
（翻白石旧韵）

秋宵吟·古帘空   029
（白石原韵）

秋宵吟·对清虚   030
（翻白石旧韵）

石湖仙·松江烟浦   031
（白石原韵）

石湖仙·天光霞浦   032
（翻白石旧韵）

翠楼吟·月冷龙沙   036
（白石原韵）

翠楼吟·塞北离家   037
（翻白石旧韵）

长亭怨慢·渐吹尽   041
（白石原韵）

长亭怨慢·又来也   042
（翻白石旧韵）

徵韶·潮回却过西陵浦   045
（白石原韵）

徵韶·年来小住荷花浦   046
（翻白石旧韵）

凄凉犯·绿杨巷陌   050
（白石原韵）

凄凉犯·郑原楚陌   051
（翻白石旧韵）

角招·为春瘦　　　　　　　　　052
（白石原韵）

角招·为君瘦　　　　　　　　　053
（翻白石旧韵）

湘月·五湖旧约　　　　　　　　057
（白石原韵）

湘月·煮云蒸月　　　　　　　　058
（翻白石旧韵）

霓裳中序第一·亭皋正望极　　　060
（白石原韵）

霓裳中序第一·天北万里极　　　061
（翻白石旧韵）

玉梅令·疏疏雪片　　　　　　　065
（白石原韵）

玉梅令·闲云片片　　　　　　　066
（翻白石旧韵）

醉吟商小品·又正是春归　　　　069
（白石原韵）

醉吟商小品·夏日且悲春　　　　069
（翻白石旧韵）

虞美人·赋牡丹　　　　　　　　070
（白石原韵）

虞美人·南来特许词家醉　　　　071
（翻白石旧韵）

踏莎行·燕燕轻盈　　　　　　　075
（白石原韵）

踏莎行·淮北云低　　　　　　　076
（翻白石旧韵）

浣溪沙·著酒行行满袂风　　　　078
（白石原韵）

浣溪沙·萧瑟山河怨北风　　　　　　　079
（翻白石旧韵）

诉衷情·端午宿合路　　　　　　　　081
（白石原韵）

诉衷情·残梅还剩一枝红　　　　　　082
（翻白石旧韵）

惜红衣·吴兴荷花　　　　　　　　　086
（白石原韵）

惜红衣·骤雨催宵　　　　　　　　　087
（翻白石旧韵）

一萼红·古城阴　　　　　　　　　　088
（白石原韵）

一萼红·夏长阴　　　　　　　　　　089
（翻白石旧韵）

玲珑四犯·越中岁暮闻箫鼓感怀　　　091
（白石原韵）

玲珑四犯·苦雨发春　　　　　　　　092
（翻白石旧韵）

江梅引·人间离别易多时　　　　　　097
（白石原韵）

江梅引·人间来去是何时　　　　　　098
（翻白石旧韵）

鬲溪梅令·好花不与殢香人　　　　　100
（白石原韵）

鬲溪梅令·远山不与宦游人　　　　　100
（翻白石旧韵）

琵琶仙·双桨来时　　　　　　　　　101
（白石原韵）

琵琶仙·秋水东流　　　　　　　　　102
（翻白石旧韵）

侧犯·咏芍药 107
（白石原韵）

侧犯·桃源未去 108
（翻白石旧韵）

莺声绕红楼·十亩梅花作雪飞 111
（白石原韵）

莺声绕红楼·记得江南江北飞 111
（翻白石旧韵）

鹧鸪天·丁巳元日 112
（白石原韵）

鹧鸪天·戊戌端午竖夜 112
（翻白石旧韵）

鹧鸪天·元夕有所梦 113
（白石原韵）

鹧鸪天·合肥遗梦 114
（翻白石旧韵）

水调歌头·富览亭永嘉作 117
（白石原韵）

水调歌头·非是佛天远 118
（翻白石旧韵）

汉宫春·会稽秋风亭观雨 122
（稼轩原韵）

汉宫春·次韵稼轩 123
（白石原韵）

汉宫春·君莫归欤 124
（翻稼轩、白石旧韵）

永遇乐·京口北固亭怀古 125
（稼轩原韵）

永遇乐·次稼轩北固楼词韵 127
（白石原韵）

永遇乐·天命浮云　　　　　　　　128
（翻稼轩、白石旧韵）

永遇乐·君且从容　　　　　　　　129
（次韵稼轩、白石旧词）

后记／金　宝　王晨旭　　　　　　133

杏花天影·绿丝低拂鸳鸯浦
（白石原韵）

扫一扫，听古调新歌

绿丝低拂鸳鸯浦[1]。想桃叶、当时唤渡[2]。又将愁眼与春风，待去；倚兰桡[3]，更少驻。

金陵路、莺吟燕舞。算潮水、知人最苦[4]。满汀芳草不成归[5]，日暮；更移舟，向甚处？

注释：

1. 鸳鸯浦：鸳鸯栖息的水滨。
2. 想桃叶、当时唤渡：东晋时王献之爱妾名为桃叶，其美名为桃根，相传王献之曾在金陵秦淮河渡口作歌送别桃叶，后有"桃叶渡"之称。唤渡，呼舟渡江。
3. 兰桡（ráo）：装饰精美的小舟。
4. "算潮水"句：李益："早知潮有信，嫁与弄潮儿。"
5. "满汀"句：化用《楚辞·招隐士》："王孙游兮不归，春草生兮萋萋。"汀，江中沙洲。

赏析：

离情之作。以词人之眼看去，即便柳丝娇软、莺燕动人，万物却皆似无情，只有舟边最亲近的潮水能够懂他的离愁。小舟徘徊荡漾，一如词人之心不知应去往何方。

杏花天影·皖江斜思金陵浦
（翻白石旧韵）

扫一扫，听古调新歌

皖江[1]斜思金陵浦。照花落、香风已渡。忍将离眼[2]对春浓，去去；解芳舟，载鬼驻。

青溪路、低吟慢舞。锦衣湿、闲愁不苦。酒酣诗尽与谁归，薄暮；借平湖，最远处。

注释：

1. 皖江：安徽沿江地区，今安庆、池州、铜陵、芜湖、马鞍山一带。
2. 离眼：经历离别之人的双眼。

赏析：

词境深婉清幽，情感一路积累至"酒酣诗尽"处已不能再深一步，只得以景结情，更显委婉曲折。

新 歌

杏花天影

姜夔（宋） 金宝 词
王晨旭 曲

1=G 4/4 ♩=60

古调新歌 004

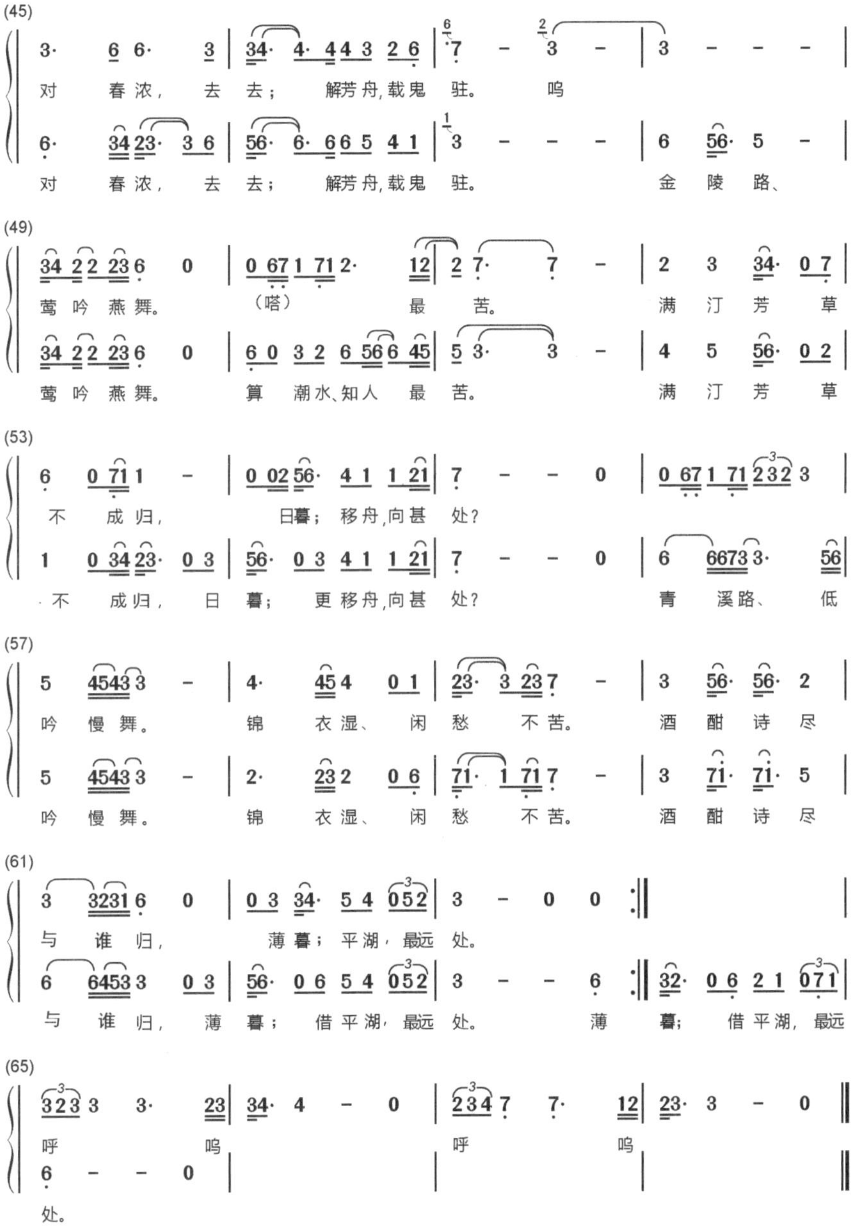
(45)
对 春浓， 去 去； 解芳舟，载鬼 驻。 呜
对 春浓， 去 去； 解芳舟，载鬼 驻。 金 陵 路、
(49)
莺 吟 燕 舞。 （嗒） 最 苦。 满 汀 芳 草
莺 吟 燕 舞。 算 潮水、知人 最 苦。 满 汀 芳 草
(53)
不 成归， 日暮；移舟，向甚 处？
不 成归， 日 暮； 更移舟，向甚 处？ 青 溪路、 低
(57)
吟 慢 舞。 锦 衣湿、 闲 愁 不苦。 酒 酣 诗 尽
吟 慢 舞。 锦 衣湿、 闲 愁 不苦。 酒 酣 诗 尽
(61)
与 谁 归， 薄暮；平湖，最远 处。
与 谁 归， 薄 暮； 借平湖，最远 处。 薄 暮； 借平湖，最远
(65)
呼 呜 呼 呜
处。

王晨旭：《杏花天影》设计图
（统一以G宫记谱）

注：
1.《杏花天影》古调为中吕调，为"俗乐二十八调"之一、古乐羽声七调第一韵。古调的羽调式使用使"向甚处"的疑问和情感表达被强化。

《杏花天影》新歌为角调式，取角调收尾意在尾句曲远被增强的效果需求外，更因为角调乃南宋弃用之调。作曲者通过调性的使用，表明该作的新时期创新，旨在打开时空壁垒的同时，实现古今对话。

2. 在新歌《杏花天影》创作方面，着重于原曲古韵中调式外音（偏音）写法在新时期的继承创新，并通过偏音的写作，突出古调意境在新作中的延伸。

3. 在新歌《杏花天影》配器方面，以西方"口风琴"音色模仿中国民族乐器"笙"，钢琴、打击乐音色与弦乐的颜色搭配模仿中国古典弹拨乐器音色。

暗香[1]·旧时月色
（白石原韵）

旧时月色，算几番照我，梅边吹笛？唤起玉人[2]，不管清寒与攀摘。何逊[3]而今渐老，都忘却春风词笔。但怪得竹外疏花，香冷入瑶席[4]。

江国[5]，正寂寂，叹寄与路遥[6]，夜雪初积。翠尊[7]易泣，红萼[8]无言耿相忆。长记曾携手处，千树压、西湖寒碧。又片片、吹尽也，几时见得？

注释：

1. 暗香：北宋诗人林逋爱梅，有诗："疏影横斜水清浅，暗香浮动月黄昏。"

2. "玉人"句：贺铸词："玉人和月摘梅花。"

3. 何逊：梁朝诗人，爱梅。这里是词人以何逊自比。

4. 瑶席：精美的坐席。

5. 江国：江南水乡。

6. 寄与路遥：南朝陆凯折梅赠友人范晔，其诗云："折梅逢驿使，寄与陇头人。江南无所有，聊赠一枝春。"

7. 翠尊：用绿色宝石做成的酒杯，此处借指酒。

8. 红萼（è）：梅花。

赏析：

以红梅作为脉络，虚实之境曲折回环，词人忽而回忆往昔欢乐，忽而又处在今夜哀伤，词境清冷幽邈，词情灵动哀婉。咏梅一层，怀人一层，身世又是一层。

暗香·月前失色
（翻白石旧韵）

扫一扫，听古调新歌

月前失色，任百花仙子，依然箫笛。转户风凉，片片清辉也堪摘。浅梦无由寄与，但落下香笺残笔。叹冷水婉丽多情，无奈枕春席。

茅舍，共我寂，却识破夏虫[1]，雨露新积。此身似客，剩有空囊载空忆。他日焚香煮火，想万里、家山秋碧。念去去、心莫歇，有谁劝得？

注释：

1. 夏虫：《庄子·外篇·秋水》："夏虫不可以语冰。"

新 歌

浅梦

《暗香·月前失色》——翻白石原韵

金 宝 词
王晨旭 曲

1=D 3/4 充满回忆地

(歌词)
月前失色，任百花仙子，依然箫笛。转户风凉，片片清辉也堪摘。浅梦无由寄与，但落下香笺残笔。叹冷水婉丽多情，无奈枕春席。茅舍，共我寂，却识破夏虫，雨露

古调新歌

010

新积。此身似客，剩有空囊载空忆。

他日焚香煮火，想万里、家山秋碧。念去去、

念去去心莫歇，有谁劝得？

间奏
月前失色，任百花仙子，依然箫笛。

转户风凉，片片清晖也堪摘。

片片清晖　　　浅梦无由

寄与，但落下香笺残笔。叹冷水婉丽多情，

茅舍，共我寂，无奈枕香席。茅舍，共我寂，却识破夏虫，雨露新积。身似客，有空囊载空忆。此身似客，剩有空囊载空忆。他日焚香煮火，想万里、家山秋碧。念去去、念去去心莫歇，有谁劝得？

1=Eb

茅舍，共我寂，却识破夏虫，雨露新积。此身似客，剩有空囊载空忆。la la la la 他日焚香

012 古调新歌

疏影[1]·苔枝缀玉[2]
（白石原韵）

扫一扫，听古调新歌

苔枝缀玉，有翠禽小小，枝上同宿[3]。客里相逢，篱角黄昏，无言自倚修竹[4]。昭君不惯胡沙远[5]，但暗忆、江南江北。想佩环、月夜归来，化作此花幽独。

犹记深宫旧事，那人正睡里，飞近蛾绿[6]。莫似春风，不管盈盈，早与安排金屋[7]。还教一片随波去，又却怨、玉龙哀曲[8]。等恁时[9]、重觅幽香，已入小窗横幅。

注释：

1. 疏影：见《暗香·旧时月色》注1。

2. 苔枝缀玉：范成大《梅谱》谓古梅"苔须垂于枝间"。缀玉，谓梅花洁白如玉。

3. "翠禽"句：用隋唐时赵师雄遇仙事。《异人录》载，赵师雄于罗浮山林中遇一美人并一绿衣童子，醉后入睡，天明醒来后但见大梅树上有一翠鸟，即美人与童子真身。

4. 无言自倚修竹：杜甫诗："天寒翠袖薄，日暮倚修竹。"此处以佳人比梅花。

5. "昭君"句：汉元帝宫女王嫱，被嫁给匈奴和亲，留居边塞沙漠。杜甫诗："环佩空归夜月魂。"

6. "那人"句：用寿阳公主梅花妆事。宋武帝之女寿阳公主卧于檐下，梅花落额上，三日后方能洗去，宫女竞相效仿，遂成梅花妆。蛾绿，指眉黛。

7. 安排金屋：用汉武帝与阿娇事。汉武帝幼时曾对姑母说："若得阿娇为妇，当作金屋贮之也。"

8. 玉龙哀曲：指笛曲《梅花落》。玉龙，笛名。

9. 恁（nèn）时：此时，这时。

赏析：

《疏影》一篇，较《暗香》更为晦涩。全篇无一"梅"字，却处处以典故带出所咏梅花。后人多以此词为家国悲音，凄凉委婉，当属南宋末世之声。

疏影·香魂失力
（翻白石旧韵）

扫一扫，听古调新歌

香魂失力，借离风点点，和月冰宿[1]。绝处空逢，南北谁家，劝君少种斑竹。描红漱玉[2]曾相忆，正对画、霜眉清骨。洗客巾、带雨江愁，不见那人长独。

宫外寒鸦已尽，此身染病里，惟怅新绿。所爱青州，所恨湖州，所寄婺州空屋[3]。但教人比黄花瘦[4]，莫记得、唱低鸾曲。恁白头、老泪空流，也作后时秋幅。

注释：

1. 冰宿：白居易诗："雪中啄草冰上宿，翅冷腾空飞动迟。"

2. 漱（shù）玉：李清照有词集《漱玉词》。

3. "所爱"句：李清照与赵明诚婚后迁居青州，度过一段平静恩爱时光。赵明诚于赴任湖州途中病逝，李清照悲痛欲绝。时局动荡，李清照晚年投靠婺州亲友。

4. 人比黄花瘦：李清照词："莫道不消魂，帘卷西风，人比黄花瘦。"

赏析：

前两句铺叙，缓缓引入词作的人物形象——李清照。作者巧妙融入李清照的生平经历与代表词句，"所爱"一句尤为精彩，句法上以文为词，情感蕴藉动人。

疏影

金宝 (宋)姜夔 词
王晨旭 曲

1=A 4/4 浪漫地

(1)
| 0 3 3 45 | 5 0 0 34 | 5 12· 1 3 | 5 6 0 4 |

香魂失力， 借离风点点，和 月 冰 宿。
苔枝缀玉， 有翠禽小小，枝 上 同 宿。

(5)
| 0 0 0 6 | 1 - 12 1 | 1 1 21 7 1· | 7 7 6 1 67 |

绝处 空逢， 南北谁家， 劝君少种斑
客里 相逢， 篱角黄昏， 无言自倚修

(9)
| 7 5 - 0 | 23 2 2 0 | 12 6 6 0 | 67 71 7 |

竹。 描红 漱玉 曾相忆，
竹。 昭君不惯 胡沙远，

(13)
| 6 - 0 01 | 161 1 - 0 | 1 5 6 0 5 | 2 - - - |

正对画、 霜眉 清骨。
但暗忆、 江南 江北。

(17)
| 0 0 0 0 | 3 45 5 34 | 5 12 1 0 3 | 5 6 44 45 |

洗客巾、带雨江愁， 不见那人 长
想佩环、月夜归来， 化作此花 幽

(21)
| 4 - - 0 | 4 12 2 0 32 | 2 7· 0 7 1 | 23· 2 1 |

独。 宫外寒鸦已尽， 此身染病里， 惟怅
独。 犹记深宫旧事， 那人正睡里， 飞近

(25)
| 2 23 3 - | 3 5 6 - | 6· 5 5 - | 1 32 2 - |

新 绿。 所爱 青州， 所恨
蛾 绿。

(29)
| 2· 71 1 - | 4 - 71· | 1 - - 23 | 32 22 2 - |

湖州， 所寄 婺州空屋。

(33)
| 2 - - - | 3 - - 21 | 3 - - 7 | 12· 2 45 |

但 教人 比黄 花

(37) | i - - 0 | i 6 6 i i - | i - i 7 | 6 7 5 5 - |
　　　　瘦。　莫　记　得、　　　唱　低　鸾　曲。

(41) | 5 - - - | i - 5 6 3 2 | i - - 3 | 2 - 5 - |
　　　　恁　白　头，　　老　泪　空

(45) | 5 - - 2 3 | 2 - - - | 5 2 3 3 i 2 | i - - - |
　　　　流，　也　作　　　后　时　秋　幅。

(49) |: i - - - | 3 5 6 - | 6· 5 5 - | 5 3 2 2 - |
　　　　莫　　似　　春　风，　不　管

(53) | 2· 2 3 i - | 4 - 7 i· | i - - 2 3 | 3 3 4 4 5 5 - |
　　　　盈　盈，　早　与　　　安　排　金　屋。

(57) | 5 - - - :| 3 - 3 2 i | i - - 6 | i 2· 2 4 5 |
　　　　还　教　一　　　片　随　波

(61) | 3 - - 0 | i 6 6 i i - | i - i 7 | 6 7 5 5 - |
　　　去，　又　却　怨、　　玉　龙　哀　曲。

(65) | 5 - - - | 3 - 5 6 5 6 | 6 - - 3 4 | 5 - - 5 |
　　　　等　恁　时、　　重　觅　幽

(69) | #i - - - | #i - 0 6 | 3 2· 2· 0 | 5· 2 2 i 2 |
　　　香，　　　已　入　小　窗　横

(73) | 2 i - - | i - 0 6 i :| 3 2· 2· 0 | 5· 2 2 i 2 |
　　　幅。　　　已　入　小　窗　横

(77) | 2 i - - | i - - - | i 0 0 0 ‖
　　　幅。　　　　　（呼气声）

王晨旭：《疏影》设计图
（统一以A宫调记谱）

注：
1. 古调《疏影》与《暗香》同为仙吕宫调。
2. 新歌《疏影》意在放大、延伸古调中格律的长短结构，重视旋法趋同，通过材料配比、重视旋律中跳进的功能作用及旋律走向等，塑造古调新歌。
3. 新歌《疏影》重视在非七声奉五声的汉族传统音乐旋律形态下的偏音使用。
4. 《疏影》古今版本同为仙吕宫调，在旋律音虚实的处理手法上有一定对比。
5. 新歌《疏影》在延展暗香抒情性的同时，更重视戏剧化表现及极为忧郁的情感抒发。

淡黄柳·空城晓角
（白石原韵）

空城晓角，吹入垂杨陌。马上单衣寒恻恻。看尽鹅黄嫩绿[1]，都是江南旧相识。

正岑寂，明朝又寒食[2]。强携酒、小桥宅[3]。怕梨花落尽成秋色。燕燕飞来，问春何在？唯有池塘自碧。

注释：

1. 鹅黄嫩绿：柳叶新生为嫩黄色，后渐变为绿色。
2. 寒食：节令，在清明之前。
3. 小桥宅：小桥，即三国时东吴美女小乔。小桥宅即姜夔恋人住所。

赏析：

南宋时合肥多种柳，姜词之柳多与合肥情事有关。此词以柳起兴，词中江淮繁华之地已然是一片边城寥落之景，寻访恋人也不能慰藉心中的惆怅与焦虑。全词清空冷隽，委婉道出身世之愁。

淡黄柳·南风侵北
（翻白石旧韵）

扫一扫，听古调新歌

南风侵北，贪睡惊晨陌。也学前人争惋恻。填得新词旧曲，三弄梅花[1]几人识。

满城寂，云眸过清食。杯中酒、眼前人。与秋虫一样无颜色。我最难寻，问君何去？都在残红断碧。

注释：

　　1. 三弄梅花：古琴曲有《梅花三弄》。

新 歌

浔
《淡黄柳·南风侵北》——翻白石旧韵

金 宝 词
王晨旭 曲

1=Bb 4/4 慵懒，节奏自由地

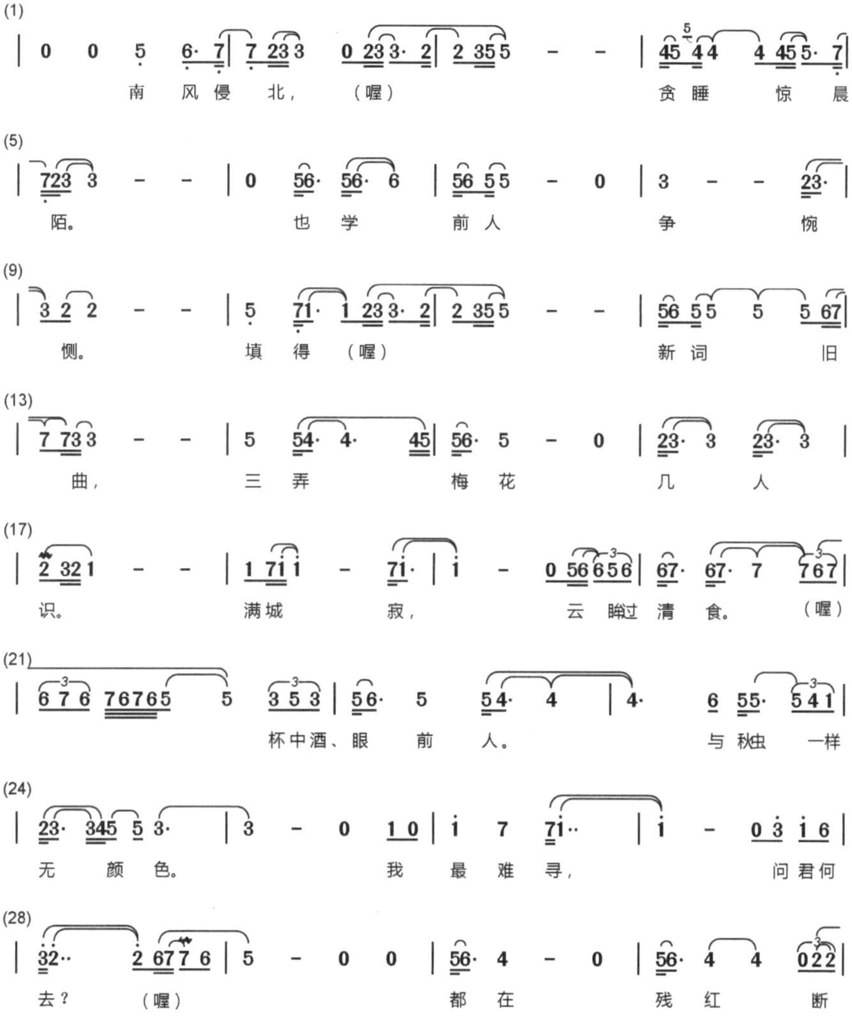

(歌谱略)

歌词：
南风侵北，（喔）贪睡惊晨陌。也学前人争惋恻。填得（喔）新词旧曲，三弄梅花几人识。满城寂，云晦过清食。（喔）杯中酒、眼前人。与秋虫一样无颜色。我最难寻，问君何去？（喔）都在残红断……

古调新歌

022

(32)
| 3 1. | 1 - | 1 - 5 | 6· 7 7 23 3 | 3 23 3· 2 | 2 35 5 - - |
碧。　　　　　　南 风 侵 北，(喔)

(36)
| 45 4 4 45 5· 7 723 3 | - - | 0 56 56· 6 | 67 7 - 0 |
贪 睡 惊 晨 陌。　　　也 学　前 人

(40)
| 6 - - 45· 5 | 2 2 - 5 | 711· 711 170 | 7 677 - - |
争　惋　侧。　填 得　　　　　　(喔)

(44)
| 56 6 6 6 67 7 73 3 3 3 | 5 54· 4 | 45 56 5 - 0 |
新 词　旧 曲，　三 弄　梅 花

(48)   1=B
‖: 23· 3 45 5 | 2 32 1 - - | 7 - 0 1 | 711 i 711 i |
几 人 识。　　　　　满 城 寂，

(52)
| 1 - 0 56 65 6 | 67· 67· 7 767 | 676 7676 5 5 353 |
云 眸 过 清 食。　(喔)　　　杯 中 酒、

(55)
| 56· 5 56· 6 | 6· 6 55· 541 | 23· 345 53· | 3 - 0 10 |
眼 前 人。　与 秋 虫 一 样 无 颜 色。　我

(59)
| i 7 71 i· | i - 0 2 i 6 | i 2· 2 67 76 | 5 - 0 0 |
最 难 寻，　问 君 何 去？　(喔)

(63)
| 56· 6 - 0 | 56· 4 4 433 | 31 1 - | 1· 0 0 0 :‖
都 在　残 红 断 碧。

王晨旭：《淡黄柳》设计图
（统一以降B宫调记谱）

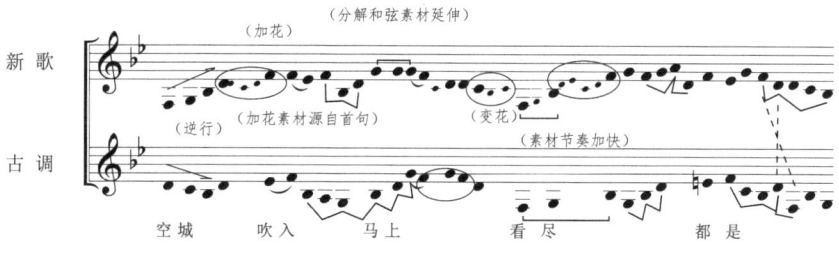

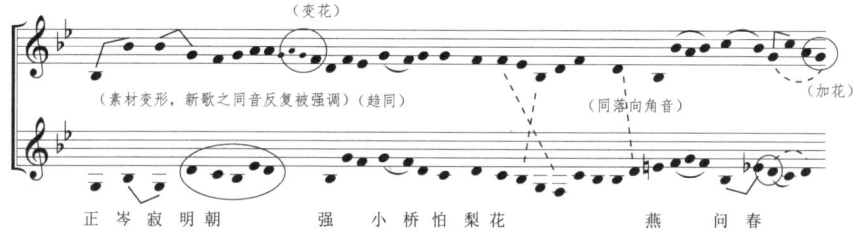

注：
1. 新歌《淡黄柳》又名《浔》，结合东西方韵味及共性审美情趣，着重突出东方意境。
2. 古调《淡黄柳》为正平调近，即宋七宫十二调之"仲吕羽调"。新歌《淡黄柳》易之为降B宫调。
3. 新歌《淡黄柳》主要通过对古调加花的方式进行创作。加花或变花都来源于古调主要音乐元素或同句旋律素材。
4. 新歌《淡黄柳》将古调中的仲吕羽调使用延展到和声与配器的纵向层次上。从清唱旋律后第一次所谓"副歌"段落采用tsvi进入该曲，暗示其仲吕羽调基因的继承延展。
5. 新歌《淡黄柳》在调性方面进行了"犯调"处理，即由降B宫调式转向其上二度调B宫调，以加强情绪，营造高潮，延展意境。这一处理来源于原正平调中的2°旋法因素。

扬州慢·淮左[1]名都
（白石原韵）

　　淮左名都，竹西[2]佳处，解鞍少驻初程。过春风十里[3]，尽荠麦青青。自胡马窥江[4]去后，废池乔木，犹厌言兵。渐黄昏，清角吹寒，都在空城。

　　杜郎俊赏，算而今、重到须惊。纵豆蔻词工[5]，青楼梦好[6]，难赋深情。二十四桥[7]仍在，波心荡、冷月无声。念桥边红药，年年知为谁生？

注释：

　　1.淮左：宋时设置淮南东路，称为"淮左"，扬州是淮左名城。

　　2.竹西：扬州竹西亭。杜牧诗："谁知竹西路，歌吹是扬州。"

　　3.过春风十里：杜牧诗："春风十里扬州路，卷上珠帘总不如。"

　　4.胡马窥江：高宗建炎三年（1129），金人初犯扬州。绍兴三十一年（1161），金兵违背盟约再次南侵，扬州遭到劫掠。

　　5.豆蔻词工：杜牧诗："娉娉袅袅十三余，豆蔻梢头二月初。"

　　6.青楼梦好：杜牧诗："十年一觉扬州梦，赢得青楼薄幸名。"

　　7.二十四桥：唐时扬州有二十四桥之名胜，杜牧诗："二十四桥明月夜，玉人何处教吹箫。"然宋时已有一部分毁坏。

赏析：

　　此篇当属姜词代表，笔调清冷幽僻，情绪哀婉动人，

"杜郎"句宕开一笔，虚写想象中事，情事之风雅与家国之悲哀交相映衬。

扬州慢·千古扬州
（翻白石旧韵）

扫一扫，听古调新歌

千古扬州，故人遗梦，喜来恨去中程。自广陵散[1]绝，见江水长青。被牛角清寒吹过，画舫深处，难锁刀兵。弄词人，家国悲欢，犹似伤城。

莫说旧事，对繁华、也作新惊。问隔壁萧娘[2]，邻家桃叶[3]，谁更无情。桥下西湖仍瘦[4]，浑无赖、短叹声声。到如今错怪，那枝芍药贪生。

注释：

1. 广陵散：古琴曲。相传魏晋名士嵇康得古人所赠，善奏此曲，临刑前索琴奏曲，慨然叹曰："《广陵散》于今绝矣！"广陵，扬州古称。
2. 萧娘：古时对女性恋人的泛称。
3. 桃叶：见《杏花天影·绿丝低拂鸳鸯浦》注 2。
4. 西湖仍瘦：扬州有瘦西湖。

赏析：

同写扬州，此篇词境更为阔大，尤其突出历史意识，时间跨度较大。结尾处却落到"那枝芍药"，看似轻巧，实则笔力深重。

扬州慢

《扬州慢·千古扬州》——翻白石旧韵

金 宝 词
王晨旭 曲

1=A 4/4

似步行江南烟雨中 ♩=66

| 0· 5 1 2 2 1 i· 1 2 3 1 1 | 0 0 1 3 5 3 5 3 3 3 3· 5 | 6 1 6 1 0 1 3 2 3 |
千古 扬州， 故人 遗梦， 喜来 恨去 中程。 自 广陵散绝， 见江水长

| 3 2· 2 - | 0· 5 1 3 1 1 1 1 2 3 5 | 0 0 5 5 6 5 5 5 3 6 6 5 1 |
青。 被牛 角 清寒 吹过， 画舫深处，难 锁 刀 兵。

| i 0 6 1 6 5 5 3 3 2 2 | 5 2 3 1 1 - | i - 0 0 1 1 1 |
弄词人，家 国 悲 欢， 犹 似伤 城。 莫说旧

| 6 5 5 5 3 3 3 2 2 i | 3· 3 3 - 0 1 1 6 | 1 1 0 1 1 6 2 6· 6 5 5 |
事，对繁 华对繁华、也 作 新 惊。 问隔壁 萧娘， 邻家桃叶， 谁更无

| 5 3 3 - - | 0 1 1 0 1 6 2 2 | 0 2 6 5 3 5 6 0 3 2 1 |
情。 桥下 西湖仍瘦， 浑无赖、短 叹声 声。 到如今

| 2 6 0 0 6 5 3· 2 0 i | i - 0· 5 6 | 5 1 2 0 3 2 2 | 3 4 |
错怪， 那枝芍 药 贪 生。 醉春 风千古 扬州， 渐黄

| 5 5 1 0 2 1 i | 0 3 4 5 1 2 0 3 2 2 2 2 1 2 | 3 4 4 5 0 5 6 |
昏 西湖 仍瘦。 弄词 人豆蔻 词工， 波心荡 冷月无 声。 醉春

| 5 1 2 0 3 2 2· | 3 4 | 5 5 1 0 2 1 i | 0 6 1 | 5 3 3 0 1 2 2 2 2 1 2 |
风 千古 扬州， 渐黄 昏 西湖 仍瘦。 红药 年年为 谁生， 千古 红楼

1=Bb

| 3̇ 2̇ 1̇ 1̇ 0 ‖ 3̇ 2̇ 1̇ 1̇ 0 6̇ 7̇ | 5̇ 1̇ 2̇ 0 3̇ 2̇ 2̇· 3̇ 4̇ |
一 幽 梦。　　　一 幽 梦。醉春风 千古 扬州，渐黄

| 5̇ 5̇ 1̇ 0 2̇ 1̇ 1̇ 0 3̇ 4̇ | 5̇ 1̇ 2̇ 0 3̇ 2̇ 2̇ 2̇ 1̇ 2̇ | 3̇ 4̇ 4̇ 5̇ 0 5̇ 6̇ |
昏西湖 仍瘦。弄词 人 豆蔻 词工，波心荡　冷月 无　声。醉春

| 5̇ 1̇ 2̇ 0 3̇ 2̇ 2̇· 3̇ 4̇ | 5̇ 5̇ 1̇ 0 2̇ 1̇ 1̇ 0 6̇ 1̇ | 3̇ 4̇ 5̇ 0 1̇ 2̇ 2̇ 2̇ 1̇ 2̇· |
风 千古 扬州，渐黄 昏西湖 仍瘦。红药 年 年为 谁生，千古 红楼

| 3̇ 2̇ 1̇ 1̇ — | 3̇ 2̇3̇2̇1̇ 0 5̇ 6̇ 1̇ | 3̇ 2̇3̇2̇1̇ 0 0 1̇ |
一 幽 梦。　　　喔　　　　喔　　　　　喔

| 5· 6̇ 7̇ 6̇ 2̇ 1̇ | 5 — — — ‖

王晨旭：《扬州慢》设计图

- 白石道人古调《扬州慢》中，由辅助、环绕等方式塑造出六种特征性旋律形态，在新歌《扬州慢》中同样突出了这些因素。古调《扬州慢》形态统计见下图（C宫调记谱）：

- 新歌《扬州慢》为A宫调，呈三部性结构特征。在其中，金宝词作与姜夔原作相结合，意在古今对话。

扫一扫，听古调新歌

秋宵吟·古帘空
（白石原韵）

古帘空，坠月皎。坐久西窗人悄。蛩¹吟苦，渐漏水丁丁，箭壶催晓²。引凉飔、动翠葆³。露脚斜飞云表⁴。因蹉念，似去国⁵情怀，暮帆烟草。

带眼销磨⁶，为近日、愁多顿老。卫娘⁷何在，宋玉⁸归来，两地暗萦绕。摇落江枫早。嫩约⁹无凭，幽梦又杳。但盈盈、泪洒单衣，今夕何恨未了。

注释：

1. 蛩（qióng）：蟋蟀。
2. 漏水丁丁，箭壶催晓：古代以铜壶滴漏计时。丁丁，滴水声。
3. 翠葆：形容草木清脆茂盛。
4. 露脚斜飞云表：露脚，指雨，靠近地面的水汽。云表，云外。
5. 去国：离开乡国。
6. 带眼销磨：带眼，腰带上的孔。谓衣带渐宽而人渐瘦。
7. 卫娘：汉武帝第二任皇后卫子夫貌美，后以"卫娘"指代美貌女子。
8. 宋玉：战国时楚国辞赋家。
9. 嫩约：不牢固的约定。

赏析：

秋夜静谧，"古帘""坠月"的意象颇为幽冷。全词写景怀人，对合肥女子恋恋不忘，遗憾深重。

秋宵吟·对清虚
（翻白石旧韵）

对清虚[1]，照远皎[2]。曙色新来声悄。杂芳冷，有梦里诗人，不关昏晓。解轻风，弄玉葆。乱点东南山表。孤独惯，似倦鸟无家，暮烟凝草。

眼角关河，洗尽碧、霜心未老。大唐何盛，大宋何衰，匹马嘶长绕。生死空贪早。皓首摔琴，书剑杳杳。一千年、算几多时，孰忍归去了了。

注释：

1. 清虚：指天空、太空。
2. 远皎：指月光。

石湖仙·松江烟浦
（白石原韵）

松江[1]烟浦。是千古三高[2]，游衍[3]佳处。须信石湖仙，似鸱夷[4]、翩然引去。浮云安在，我自爱、绿香红舞。容与[5]。看世间、几度今古。

卢沟[6]旧曾驻马，为黄花[7]、闲吟秀句。见说胡儿，也学纶巾敧雨[8]。玉友金蕉[9]，玉人金缕[10]。缓移筝柱。闲好语。明年定在槐府[11]。

注释：

1. 松江：即今吴淞江一带。

2. 三高：越国范蠡、晋人张翰、唐代陆龟蒙。松江有三高祠，范成大有《三高祠记》。

3. 游衍：纵情游玩。

4. 鸱（chī）夷：春秋时越国范蠡辅佐勾践灭吴后隐退江湖，到齐国改名为鸱夷子皮。

5. 容与：悠闲自得。

6. 卢沟：在今北京郊区。范成大曾代表宋朝使金，当时金朝都城在北京。

7. "为黄花"句：范成大使金词中有："黄花为我一笑，不管鬓霜羞。"

8. 纶巾求雨：宋史记载："金迓使者慕成大名，至求巾帻效之。"又《石湖集》有《蹋鸱巾》一首，注云："接送伴田彦皋，爱予巾裹求其样，指所戴蹋鸱巾有愧色。"故有句云："雨中折角君何爱。"蹋鸱巾，金人所戴头巾之名。雨中折角，汉时郭秦路中遇雨，于是将头巾摘下，折起一角垫在头上遮雨，时人称为"林宗（郭秦字林宗）巾"。

9. 玉友金蕉：玉友，酒名。金蕉，酒杯。

10. 玉人金缕：玉人，指美女。金缕，指乐曲《金缕衣》。

11. 明年定在槐府：宋代学士院中有槐厅。

赏析：
　　此篇为范成大贺寿，历史典故与现实经历相交织，对友人的欣赏和祝愿溢于言表。

石湖仙·天光霞浦
（翻白石旧韵）

扫一扫，听古调新歌

　　天光霞浦。有世外飞仙，云岭深处。剩我似何人，听广陵[1]、随君共去。飞花传信，似见得、浅斟轻舞。相与。天地间、一寸千古。

　　当年拥红倚翠，日无穷、抚琴试句。散尽千金[2]，赢得南窗[3]疏雨。玉骨连枝[4]，白眉分缕。渐摇山柱。君莫语。寻常燕雀华府[5]。

注释：
　　1. 广陵：见《扬州慢·千古扬州》注1。
　　2. 散尽千金：李白《将进酒》："天生我材必有用，千金散尽还复来。"
　　3. 南窗：陶渊明《归去来兮辞》："倚南窗以寄傲，审容膝之易安。"
　　4. "玉骨连枝"句：谓年纪渐长。
　　5. 寻常燕雀华府：刘禹锡《乌衣巷》："旧时王谢堂前燕，飞入寻常百姓家。"

新 歌

天光霞浦

《石湖仙·天光霞浦》——翻白石旧谱

金 宝 词
王晨旭 曲

1=A 3/4

空灵地 ♩=50

| 0 3 452 31 1 — | 1. 6 656 | 7. 12 — | 2 — 04 |

天 光 霞 浦。 有 世 外 飞 仙， 云

| 47 7 — | 7 — 0 67 | 3 — — | 3 — 64 | 4366 — |

岭 深 处。 剩 我 似 何 人，

| 6 — — | 6 — 2 | 4 — — | 3 — 4 | 4 — 3 |

听 广 陵、 随 君 共

| 2 — — | 2 — — | 5 5. 4 | 4 0435 | 3 3 04 |

去。 飞 花 传 信， 似 见 得、浅 斟 轻

| 0 22 — | 2 6. | 6 660 6 | 5 6 07 | 3 — — |

舞。 相 与。 天 地 间、一 寸 千 古。

| 3 — 2 | #1 2 03 | 2 671 1 — | 1. 767 | 65 — |

当 年 拥 红 倚 翠， 日 无 穷， 抚 琴

| 5 — 03 | 566 — | 6. 767 | 622. 1 | 7 3 3 |

试 句。 散 尽 千 金， 赢 得 南 窗

古调新歌

王晨旭：《石湖仙》设计图

注：
1.新歌《石湖仙·天光霞浦》突出调性使用与结构方面对于古调的学习继承与发展。调性布局为"降B宫系统调"向"G宫系统调"再向"降B宫系统调"犯调。
2.古调《石湖仙》采用之"越调"乃燕乐二十八调七商之一，以"无射"音为商。新歌《石湖仙·天光霞浦》与古调共用同一个宫调系统。
3.新歌《石湖仙·天光霞浦》表达了作曲者对古代传统调式及乐理的浓厚兴趣，大量的四五度横向旋律跳进因素与古调核心音程素材相合。
4.新歌《石湖仙·天光霞浦》中，作曲者更受苏州沧浪亭中"翠玲珑"建筑布局启发，试图通过较精致的外音嵌入与和声安排，表现江南风光的玲珑精致与惬意抒情。

翠楼吟·月冷龙沙[1]
（白石原韵）

月冷龙沙，尘清虎落[2]，今年汉酺[3]初赐。新翻胡部曲，听毡幕元戎歌吹[4]。层楼高峙。看槛曲萦红，檐牙飞翠。人姝丽，粉香吹下，夜寒风细。

此地宜有词仙，拥素云黄鹤[5]，与君游戏。玉梯[6]凝望久，叹芳草萋萋千里[7]。天涯情味。仗酒祓[8]清愁，花销英气。西山外，晚来还卷，一帘秋霁[9]。

注释：

1. 龙沙：塞外。此时宋金隔江对峙，应指武昌附近长江北岸。

2. 虎落：边境护城篱笆。

3. 汉酺（pú）：汉制，庆典时皇帝诏赐臣民聚饮，称为"酺"。作此词年初，高宗八十寿，犒赏诸军。

4. 元戎歌吹：表现军队生活的歌曲。元戎，兵车。

5. 拥素云黄鹤：相传三国时费祎登仙，尝乘黄鹤归于武昌城楼，故名曰黄鹤楼。崔颢《黄鹤楼》："黄鹤一去不复返，白云千载空悠悠。"

6. 玉梯：高楼。

7. 萋萋千里：崔颢《黄鹤楼》："晴川历历汉阳树，芳草萋萋鹦鹉洲。"萋萋，草木茂盛的样子。

8. 祓（fú）：消除。

9. "西山外"句：王勃《滕王阁》诗："画栋朝飞南浦云，珠帘暮卷西山雨。"

赏析：

此篇作于南宋与金议和之后，朝廷安于现状，词中却隐有讽刺时事、期待英雄之意。

扫一扫，听古调新歌

翠楼吟·塞北离家
（翻白石旧韵）

塞北离家，江南别梦，仙踪一段天赐。从东湖[1]五月，转安庆山庄黄梅[2]。长虹雄峙。过嫩柳南浔，小莲西翠。声清丽，可怜诸暨，浣纱人细[3]。

故地白石[4]才华，正拨云调月，载歌欢戏。五根弦断尽，几番识闲愁醉里。人间情味。忍泪问三郎，天生灵气。身长外，眼睫长闭，泪含明霁。

注释：

1. 东湖：在湖北武汉。

2. 山庄黄梅：今安庆有黄梅山庄。

3. "可怜诸暨"句：相传战国时美女西施为诸暨人，常于江边浣纱。

4. 白石：姜夔字白石。

赏析：

上片接连点出多个地名，语势流畅，为本篇特色。

新歌

翠楼吟

《翠楼吟·塞北离家》——翻白石旧谱

金 宝 词
王晨旭 曲

1=F 4/4

不羁地 ♩=88

| 0 6 7 1 2 | 0 3 5 3 3 2 | 0 1 2 3 5 | 6 1 6 5 6 5 3 2 |
塞 北 离 家， 江 南 别 梦， 仙 踪 一 段 天 赐。

| 0 3 6 7 1 2 0 2 | 2 2 2 1 2 5 6 | 0 6 5· 3 | 2 3· 3 — |
从 东 湖 五 月， 转 安 庆 山 庄 黄 梅。 长 虹 雄 峙。

| 0 6 6 7 1 1 2 | 0 3 3 2 3 3 2 | 0 1 2 3 5 | 6 1 6 5 6 5 3 5 |
过 嫩 柳 南 浔， 小 莲 西 翠。 声 清 丽，

间奏

| 0 3 5 5 6 | 5 2 3 2 7 1 | 6 — — — |
可 怜 诸 暨， 浣 纱 人 细。

| 6· 7 7 — | 7 — 7 1 7 6 7 | 1· 7 7 6 3 | 3 — — — |
故 地 （喽呀咦）白 石 才 华，

| 4· 3 2 6 | 6 — 0 7 1 2 | 3 — 2· 3 | 3 — — — |
正 拨 云 调 月， 载 歌 欢 戏。

| 6· 7 7 — | 7 — 7 1 7 6 7 | 1· 7 7 6 2 | 2 — — — |
此 地 （喽呀咦）宜 有 词 仙，

| 3 — 2· 3 | 3 — 0 2 3 6 | 7 — 6· 7 | 7 — — — |
拥 素 云 黄 鹤， 与 君 游 戏。

间奏

| 0 i i i | i - 5̲ 6· | 6 3 2 1 |
玉梯凝望久，叹芳草萋

| 7̣· 1̲2 2 - | 0 6 6 6 | 6 - 6̲ 7· | 6 3 2 1 |
萋千里。　五根弦断尽，几番识闲

| 2 1̲ 7̣ 7̣ - | 0 2̇ 1̇ 6 | 1̇ - 5̲ 6· | 6 3 2 1 |
愁醉里。　仗酒祓清愁，西山外，花

| 7̣· 1̲2 2 - | 0 6̲ 7̲ 1̲ 2̲ 3 | 3 - 6̲ 7· | 6 5 2̲ 3̲ 5 |
销英气。　（喽咿耶咿耶）晚　来还卷，一帘

| 2· 1̲ 6 - | 0 i i i | 2̇ - 5̲ 6· | 6 3 2 1 |
秋霁。　玉梯凝望久，叹芳草萋

| 7̣· 1̲2 2 - | 0 6 6 6 | 6 - 6̲ 7· | 6 3 2 1 |
萋千里。　五根弦断尽，几番识闲

| 2 1̲ 7̣ 7̣ - | 0 2̇ 1̇ 6 | 2̇ - 5̲ 6· | 6 3 2 1 |
愁醉里。　仗酒祓清愁，西山外，花

| 7̣· 1̲2 2 - | 0 6̲ 7̲ 1̲ 2̲ 3 | 3 - 6̲ 7· | 6 5 2̲ 3̲ 5 |
销英气。　喽咿耶咿耶眼　睫　长闭，含泪

| 2· 1̲ 6 - ‖
明霁。

王晨旭：《翠楼吟》设计图
（统一以F宫调记谱）

《翠楼吟》旋法设计

新歌：月 梅 屿　过 南 待 翠 丽 细
古调：沙 落 赐　曲 吹 崛　看 槛 红 翠 丽 细

地 华 云 戏　地 仙 云 戏　垒 葵 气

高 霁

注：
1. 古调《翠楼吟》采用双调写法，结束在F商调上。新歌《翠楼吟》在旋律上采用单一调性结构方式，将古代双调手法延展到配器方面，整首作品由下属和弦起，有调性游离特征。同样用F宫音收束。
2. 新歌尾声前D羽调优势明显，与收束的F音之间调性的结构处理，延展古调调性特征。

新歌《翠楼吟》曲式结构设计

塞北句	过嫩柳句	故地句	此地句	玉梯句	仗酒句	Coda
4	4	4	4	4	4	
				。旋律节奏与和声节奏错位处理	•节奏工整	

注：新歌《翠楼吟》为三段体结构

古调《翠楼吟》曲式结构设计

月冷段	此地段
7+6	4+4+5

注：
1. 古调《翠楼吟》为单二结构。
2. 段落间存在"鱼咬尾"现象。

长亭怨慢·渐吹尽
（白石原韵）

渐吹尽，枝头香絮，是处人家，绿深门户。远浦萦回，暮帆零乱向何许？阅人多矣，谁得似长亭[1]树？树若有情时，不会得青青如此！

日暮，望高城[2]不见，只见乱山无数。韦郎[3]去也，怎忘得、玉环分付：第一是早早归来，怕红萼无人为主。算空有并刀[4]，难剪离愁千缕。

注释：

1. 长亭：秦汉时乡间每十里设有一亭，为休息、送别之处，后经历代诗人吟咏，"长亭"成为送别之地的代名词。

2. 高城：指合肥。

3. "韦郎"句：据载，唐时韦皋游于江夏一带，与姜使君家中的侍女玉箫相恋，分别时约定最迟七年便来娶她，并以玉指环为约。到第八年春天，韦皋不至，玉箫叹曰："韦家郎君一别七年，是不来矣。"绝食而死。

4. 并刀：并州（在今山西太原）出产锋利剪刀。

赏析：

姜夔对合肥恋人情深如许，词作情感蕴藉深挚，却不失于柔媚，是健笔写柔情的典范。"树若有情时"一句有典型的"情物合一"笔法，不过反用其意，更显得物不知我。

长亭怨慢·又来也
（翻白石旧韵）

又来也，风飘花絮，不论柴门，管他朱户。夏至天长，玉壶光转[1]月凉许。似曾相识，谁种得江潭树[2]？辗转梦不成，与春别无情当此。

即暮，把浮生拼尽，命里落红难数。竹林中散，空念去、广陵难付[3]。淮南事旧曲重弹，百年后萧萧新主。待长系白帆，不似情丝愁缕。

扫一扫，听古调新歌

注释：

1. 玉壶光转：辛弃疾《青玉案·元夕》："凤箫声动，玉壶光转，一夜鱼龙舞。"

2. 江潭树：东晋时桓温北伐，途经金城，见到年轻时自己种下的柳树已粗十围，感叹："木犹如此，人何以堪！"庾信《枯树赋》："昔年移柳，依依汉南，今看摇落，凄怆江潭，树犹如此，人何以堪。"

3. "竹林"句：魏晋时嵇康曾任中散大夫，人称"嵇中散"。广陵，见《扬州慢·千古扬州》注1。

新 歌

又来也

《长亭怨慢·又来也》——翻白石旧韵

金 宝 词
王晨旭 曲

1=D 4/4

潇洒地（二重唱）♩=60-65

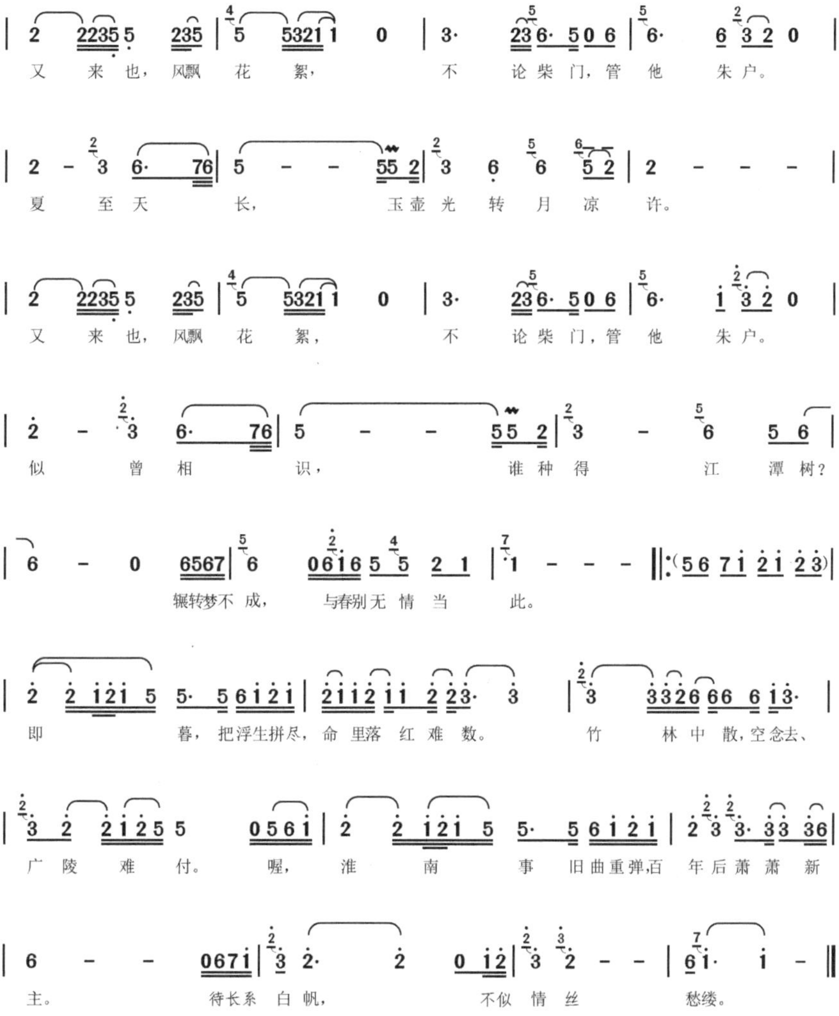

王晨旭：《长亭怨慢》设计图
（统一以D宫调记谱）

注：
1. 古调《长亭怨慢》属长调，因其字句多而韵少而得名。所谓慢曲即与急曲相对而言，主要突出其体裁的抒情性特征。
2. 新歌《长亭怨慢·又来也》是作曲者在充分学习古人、古文字章法、断句与节奏性特征之后，对白石道人歌曲古调节奏、结构方法的创新发展与延伸。
3. 新歌《长亭怨慢·又来也》的主要创新更在句法的音乐性探索上，作曲者将词作者金宝原词进行了结构层面的重复性处理，在这种结构方式上是与白石道人古调相异的。通过这种手法，使得音乐情绪被快速推动，更是通过和声节奏等方面的辅佐，力图使该作在维持古韵的同时，抒情性与戏剧性都得到更为充分的延展。
4. 古调《长亭怨慢》与新歌《长亭怨慢·又来也》同为宫调式。
5. 新歌《长亭怨慢·又来也》旋律节奏布局暗合唐代大曲"散-慢-中-快-散"布局模式。
6. 新歌《长亭怨慢·又来也》更结合宋词吟唱声韵传统进行创作，注重于字里行间特别指向性字den的雕琢。通过演绎，字里行间的叹息音调很容易被发觉，以暗合《长亭怨慢》的古意。与此同时，似乎也达到了作曲者所期待的"唱与说相近、音声与韵律同生"的理想词乐境界。

徵韶·潮回却过西陵浦
（白石原韵）

潮回却过西陵浦，扁舟仅容居士[1]。去得几何时，黍离离[2]如此。客途今倦矣。漫赢得、一襟诗思。记忆江南，落帆沙际，此行还是。

迤逦。剡中山[3]，重相见、依依故人情味。似怨不来游，拥愁鬟十二[4]。一丘聊复尔[5]。也孤负、幼舆高志。水荭[6]晚，漠漠摇烟，奈未成归计。

注释：

1. 居士：指词人自己。

2. 黍离离：《诗经·王风·黍离》："彼黍离离，彼稷之苗。"后多与荒凉破败之景、怀念故国之情相联系。

3. 剡（shàn）中山：剡县一带的山。

4. 愁鬟十二：以女子发髻喻剡山诸峰。

5. "一丘"句：魏晋时谢鲲（字幼舆）性情洒脱，不问政事，明帝曾问他与庾亮比如何，谢鲲答："端委朝堂，使百官准则，臣不如亮；一丘一壑，自谓过之。"

6. 水荭（hóng）：一种水草。

赏析：

越地水乡，风物清淑，词人于景物中蕴藏漂泊无奈之感、倦游思归之情，"似怨不来游"句将人与山的情感联系拉近到最高值，结尾却忽然松撤，"未成归计"，遗恨无穷。

徵韶·年来小住荷花浦
（翻白石旧韵）

扫一扫，听古调新歌

年来小住荷花浦，城南半山居士。有病里欢颜，可怜人多此。料如今老矣。懒说起、宦游心思。几许春晖，落虹天际，个中都是。

宛迤。惹闲愁，应回首、萋萋一番滋味。旧曲莫重弹，比黄花[1]更瘦。顾云倾尔尔。家国事、雀言鹄志[2]。漫长短，命里浮沉，空有安邦计。

注释：

1. 黄花：菊花。

2. "家国"句：秦末农民起义领袖陈胜年少时为人耕地，长叹曰："嗟乎，燕雀安知鸿鹄之志哉！"此处反用其意。

赏析：

此篇与《石湖仙》有共通处，却更为萧瑟怅惘，"空有安邦计"令人想到稼轩词"却将万字平戎策，换得东家种树书"。

新 歌

徵韶

金宝 （宋）姜夔 词
王晨旭 曲

1=G 3/4 ♩=120 快板

(1) 0 0 5̲ 1̲ | 2 4̲ 5̲ 0̲ 3̲ | #4̲ 2̲ 0 0 | 2̲ 3̲ 4 3 |
年来小　住　荷花浦，　　　　城南半　山
潮回却　过　西陵浦，　　　　扁舟仅　容

(5) 1 5 0 | 0 5̲ 6̲ 7̲ | 1 6 - | 3̲ 4̲· 5̲ 6̲ |
居　士。　　有病里　欢颜，　　可　怜
居　士。　　去得几　何时，　　黍　离

(9) 5 0 2̲ 3̲ | 2 - - | 5̲ 1̲ 2̲ 3̲ 4̲ 5̲ | 4 2 0 |
人　　多此。　　　　　料如今老矣懒说起、
离　　如此。　　　　　客途今倦矣漫赢得、

(13) 3̲ 4̲ 4 3 | 6· - 0 | 6̲ 4̲ 4 3 | 5̲ 4̲ 3̲ 1 |
宦游　心思。　　　　几许春晖，落虹天际，
一襟　诗思。　　　　记忆江南，落帆沙际，

(17) 2̲ 4̲ 4 3 | 1 - - | 1 - 0 | 3 6· 5̲ |
个中　都是。　　　　　　　　宛 逦。惹
此行　还是。　　　　　　　　迤 逦。刬

(21) #4 3· 4̲ 3̲ | 6· 7̲ 1̲ 2̲ | 3̲ ⁴5̲ 3 - | 3 6· 6̲ |
闲愁， 应回首、 萋萋一番滋味。　旧曲　莫
中山， 重相见、 依依故人情味。　似怨　不

(25) #4 2· 2̲ 3̲ | 6̲ 4̲ 4 - | 3̲ 4̲ 3̲ 4̲ 0̲ 3̲ | 3̲ ³5̲ 5 - |
重弹，比黄花更瘦。　　顾云倾尔尔。
来游，拥愁鬓十二。　　一丘聊复尔。

(29) 5 - - | #4̲ 5̲ 6· 2̲ | 2̲ 6̲ 6· 2̲ | 2̲ 3̲ 6· - |
家国事、雀言鹄志。咮咪咦呦。
也孤负、幼舆高志。

古调新歌

(33)
| 6 - - | #4 5 6· 2 | 2 6 6· 5 | 4 2 3 3· |
漫长短， 命里浮沉， 空有安邦计。
水溁晚， 漠漠摇烟， 奈未成归计。

(37)
| 3 - 6 7 | i - 7 6 | 7 i 7 6 5 | 6 5 #4 2 6 |
啊　　　　　　　　　　　嘞咦哎咦呦，

(41)
| 6 - 6 7 | 1 5 #4 6 7 | 7 5 3 7 1 | 7 5 6 - |
哩啊 啦咦咦， 哩哎 哎咦咦 喂咦 哎咦呦。

(45)
| 6 - - :‖ 6 - 6 7 | 1 5 #4 6 7 | 7 5 3 7 1 |
哩啊 啦咦咦， 哩哎 哎咦咦 喂咦

(49)
| 7 6 6 - | 6 - - ‖
哎咦 呦。

王晨旭：《徵韶》设计图
（G宫调）

注：

1. 古调《徵韶》为黄钟徵调，故在新歌《徵韶》中对变徵音的使用有所延展。

2. 新歌《徵韶》对原有调式结构古法进行了延伸。"徵"音属火，古法中"去首调"的捷径。这一点在乐论古丛《声律要诀》中有所交代。通过徵音可以在两调间顺滑转换衔接。

3. 对于古调《徵韶》，曾有记载说其"一句似黄钟均、一句似林钟均"，姜夔更是再三推寻唐谱、并琴绞法，方得其精髓。在新歌《徵韶》中，曲作者通过徵音为中介音和重要的结构点"收束音"使用。再辅以生动的变徵、清角、变宫三个偏音，力求塑造出清空意境。

4. 新歌《徵韶》的偏音使用区别于常见的汉族调式"七声奉五声"形态，而是习从古调《徵韶》古法，将三个偏音置于"强点"，以突显其趣味。更需阐明的是——变徵与清角二音的出现在新歌《徵韶》中十分邻近，恰似有"二重洞天"的妙趣。

5. 新歌同时采用姜夔、金宝词作写就。

凄凉犯·绿杨巷陌
（白石原韵）

扫一扫，听古调新歌

绿杨巷陌秋风起，边城[1]一片离索。马嘶渐远，人归甚处，戍楼吹角。情怀正恶，更衰草寒烟淡薄。似当时、将军部曲[2]，迤逦度沙漠。

追念西湖上，小舫携歌[3]，晚花行乐。旧游在否？想如今、翠凋红落。漫写羊裙[4]，等新雁来时系著。怕匆匆、不肯寄与误后约。

注释：

1. 边城：南宋时宋金隔江对峙，合肥已属边境地区。
2. 部曲：军队行伍。
3. 携歌：带着歌女。
4. 漫写羊裙：南朝时羊欣穿着新制绢裙昼眠，王献之挥毫其上。羊欣醒来后非常高兴，将衣裙作为墨宝收藏起来。此处指写给友人的信件。

赏析：

此篇在时空叙事上颇有特色。南宋时，合肥已成边境，满城柳色在词人笔下幻化为大漠荒野，空间跨度之大令人惊异。在时间上，下片的词境在往昔、当下与未来之间流荡，摇曳生姿。

凄凉犯·郑原楚陌
(翻白石旧韵)

郑原楚陌中原乱,周王如系绳索[1]。笑谈秦汉,无情魏晋,大江南北。隋唐止恶,但欺宋辽金命薄。恨元明、非清眼界,民国失大漠[2]。

信史空相似,眼底山河,及时燕乐[3]。你方唱罢,我登台、幕前羞落[4]。早就凄凉,又何必从头看著。有谁来、识破不了赴旧约。

注释:

1. "郑原楚陌"句:指春秋战国时战事不断,周王室衰微。
2. 民国失大漠:指晚清民国时割让新疆、蒙古一带事。
3. 燕乐:即"宴乐",及时享乐。
4. "你方唱罢"句:曹雪芹《红楼梦》:"乱哄哄你方唱罢我登场,反认他乡是故乡。"

赏析:

上片气势磅礴,述说自先秦至民国之历史,一气呵成,且情感态度鲜明。下片感慨古今,富有哲思。

角招·为春瘦
（白石原韵）

扫一扫，听古调新歌

　　为春瘦，何堪更、绕西湖尽是垂柳。自看烟外岫[1]，记得与君，湖上携手。君归未久，早乱落香红千亩。一叶凌波缥缈，过三十六离宫[2]，遣游人回首。

　　犹有，画船障袖[3]，青楼倚扇[4]，相映人争秀。翠翘[5]光欲溜，爱著宫黄[6]，而今时候。伤春似旧，荡一点、春心如酒。写入吴丝[7]自奏。问谁识、曲中心，花前友。

注释：

　　1.岫（xiù）：山峰。

　　2.三十六离宫：指南宋都城临安的诸多宫殿。

　　3.画船障袖：精美小舟上的女子们用袖子遮住面容。

　　4.青楼倚扇：华美楼阁上的女子们拿着扇子站立。

　　5.翠翘：一种首饰，形似翠鸟的长尾羽。

　　6.宫黄：古时宫中妇女以黄色涂抹在额上作为装饰，也称额黄。

　　7.吴丝：吴地生产的丝，多用作琴弦。李贺《李凭箜篌引》："吴丝蜀桐张高秋，空山凝云颓不流。"

赏析：

　　词人重过西湖，千般回忆涌上心头。怀人与伤春之情在此篇中融为一体，通过眼前与回忆之景而显露出来，哀丽多情。

角招·为君瘦
（翻白石旧韵）

　　为君瘦，千年谁、更吹箫记得杨柳。莫怜云出岫，不与男儿，一样酥手。箫声更久，我住在荷田三亩。清夕斑驳光影，红桥容与离歌，借宫商千首。

　　堪有，绿丝入袖，微风细雨，人比花先秀。裊裊香正溜，且过西泠[1]，怕伤春候。浮生若旧，更放下、当年行酒。为尔无弦听试奏。莫消磨、眼前人，心中友。

注释：

1. 西泠（líng）：在杭州西湖。

为君瘦

《角招·为君瘦》——翻白石道人旧谱

金 宝 词
王晨旭 曲

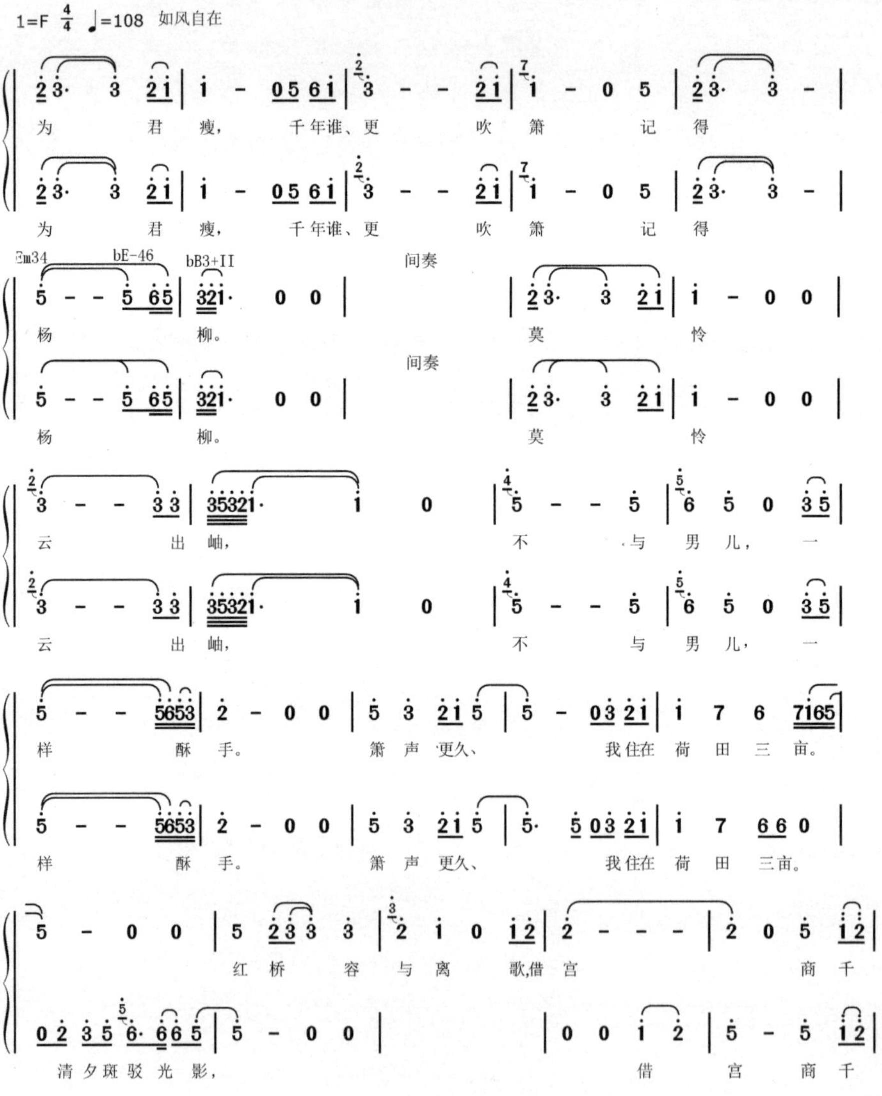

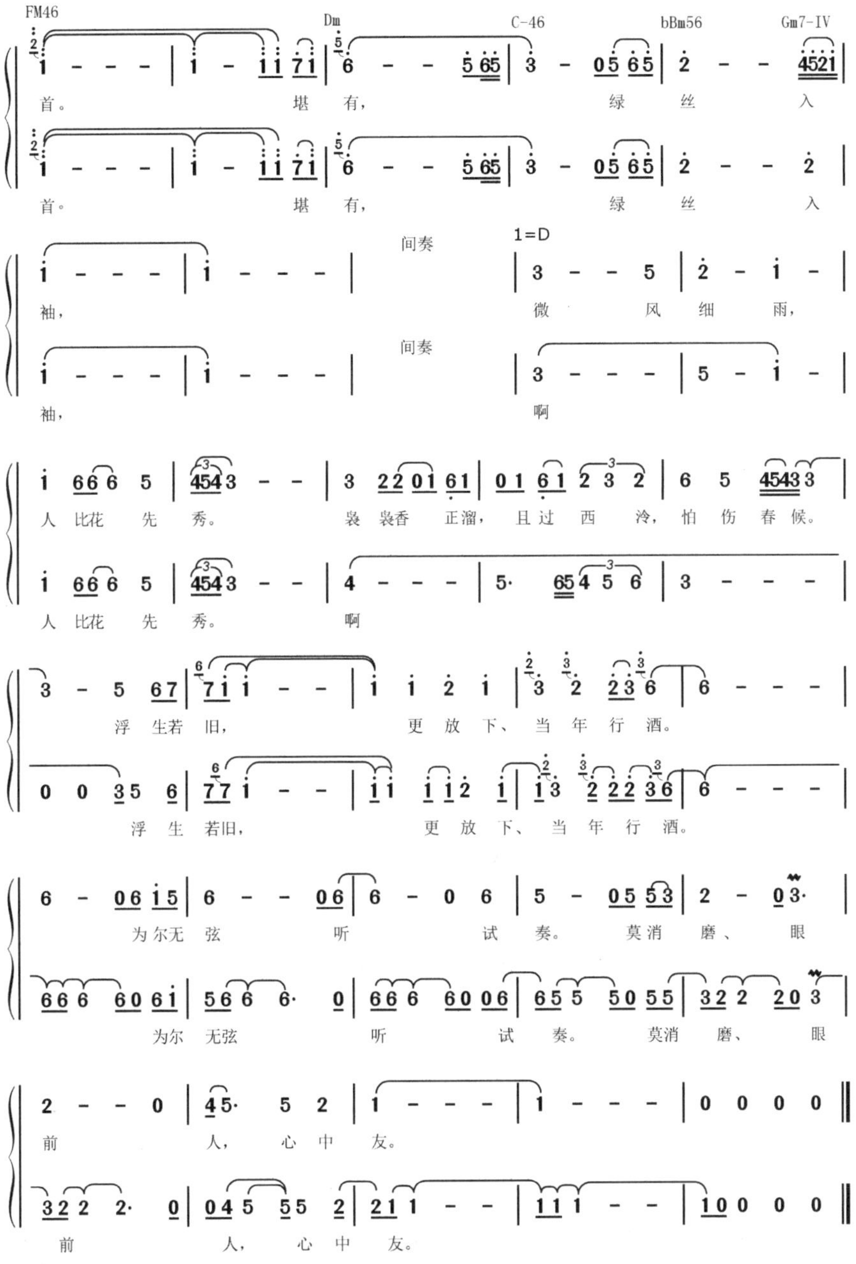

FM46
Dm
C-46
bBm56
Gm7-IV
首。堪有，绿丝入
首。堪有，绿丝入
间奏
1=D
袖，微风细雨，
间奏
袖，啊
人比花先秀。袅袅香正溜，且过西泠，怕伤春候。
人比花先秀。啊
浮生若旧，更放下、当年行酒。
浮生若旧，更放下、当年行酒。
为尔无弦听试奏。莫消磨、眼
为尔无弦听试奏。莫消磨、眼
前人，心中友。
前人，心中友。

王晨旭：《角招》设计图
（统一D宫调记谱）

- 着重表现白石道人歌曲中西湖的清越流美和诗人的伤怀。
- 古调《角招》中通过句子字词之间的长短组合解决了结构平衡问题。
- 新歌《角招·为君瘦》中突出继承古韵的长短结构特征。
- 在新歌整体结构方法方面与古调相异。

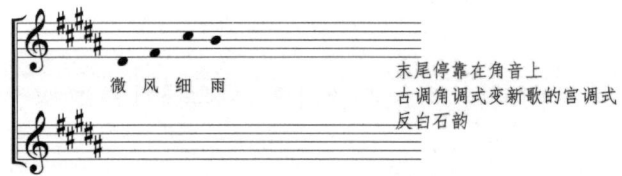

- 整体突出白石古调中的3°进行因素，犯调中也体现3°逻辑

湘月·五湖旧约
（白石原韵）

五湖¹旧约，问经年底事²，长负清景？暝³入西山，渐唤我，一叶夷犹⁴乘兴。倦网都收，归禽时度，月上汀洲冷。中流容与⁵，画桡不点清镜⁶。

谁解唤起湘灵⁷，烟鬟雾鬓，理哀弦鸿阵⁸。玉麈谈玄⁹，叹坐客、多少风流名胜¹⁰。暗柳萧萧，飞星冉冉，夜久知秋信。鲈鱼¹¹应好，旧家乐事谁省。

注释：

1. 五湖：说法甚多。一说指包括洞庭湖在内的五个湖泊，一说指太湖。
2. 底事：何事。
3. 暝：黄昏。
4. 夷犹：从容不迫的样子。
5. 中流容与：屈原《涉江》："船容与不进兮。"
6. 清镜：形容月光下湖水平静透亮。
7. 湘灵：湘水神。《楚辞》："使湘灵鼓瑟兮，令海若舞冯夷。"
8. "理哀弦"句：弹奏琴弦，哀恸有如飞鸿之声。
9. 玉麈谈玄：魏晋时盛行玄学清谈，文士多手执白玉柄麈尾。
10. 名胜：当指文人名士。
11. 鲈鱼：晋朝时张翰任职洛阳，见秋风起，想念故乡吴地莼菜羹、鲈鱼脍，遂辞官还乡。

赏析：

此篇以自问起笔，引出秋夜清冷空灵的景色，随后连用湘灵和清客两个典故，令词作顿生风雅清幽之气，最后落到莼鲈之思上，层次分明，情感丰富。

湘月·煮云蒸月
（翻白石旧韵）

煮云蒸月，问谁家似有，此番风景？俯仰人间，不如意，唤使嫦娥助兴。宙宇空茫，环球炎热，寂寞独孤冷。闲庭信步，飞来王母天镜[1]。

知否太白[2]曾邀，千秋万古，管诗丛芳阵。苏子[3]多情，应笑我、斗酒挥篇孰胜。白石[4]堪怜，柳七[5]无奈，宋后无人信。一场秋梦，此生未必能省。

注释：

1. 飞来王母天镜：指月亮。
2. 太白：唐代诗人李白。李白《月下独酌》诗："举杯邀明月，对影成三人。"
3. 苏子：北宋文学家苏轼。苏轼《念奴娇》词："故国神游，多情应笑我，早生华发。"
4. 白石：南宋词人姜夔。
5. 柳七：北宋词人柳永。

古调《湘月》

(《念奴娇·五湖旧约》)

姜夔 作词
王晨旭 依古韵复原补曲

五湖旧约，问经年底事，长负清景？

暝入西山，渐唤我，一叶夷犹乘兴。倦网都收，归禽时度，

月上汀洲冷。中流容与，画桡不点清镜。谁解唤起

湘灵，烟鬟雾鬓，理哀弦鸿阵。玉麈谈玄，叹坐客、多少风流

名胜。暗柳萧萧，飞星冉冉，夜久知秋信。鲈鱼应好，

旧家乐事谁省。

注：古调《湘月》为白石自度曲，存谱散佚不得考。唯《白石道人歌曲》中载：《湘月》乃姜夔以《念奴娇》禺指声也即以犯调《念奴娇》手法度曲。笔者根据《九宫大成南北词宫》中的《念奴娇》古调遗存与白石道人惯用手法相结合，对《湘月》古调进行补曲。管中窥豹，只为浅尝白石妙趣矣。

霓裳中序第一·亭皋[1]正望极
（白石原韵）

亭皋正望极，乱落江莲归未得。多病却无气力，况纨扇渐疏[2]，罗衣初索[3]。流光过隙，叹杏梁、双燕如客。人何在？一帘淡月，仿佛照颜色。

幽寂，乱蛩吟壁，动庾信、清愁似织[4]。沉思年少浪迹，笛里关山，柳下坊陌。坠红无信息，漫暗水、涓涓溜碧。飘零久、而今何意，醉卧酒垆侧[5]。

注释：

1. 亭皋（gāo）：水边平地。

2. 纨（wán）扇渐疏：秋后天凉，渐渐不用丝扇。

3. 罗衣初索：轻薄的丝罗衣服开始闲置。索，疏离。

4. 庾信清愁：庾信，南朝梁文学家，经历亡国，留滞北方，有《哀江南赋》《伤心赋》《愁赋》。

5. 醉卧酒垆侧：魏晋时阮籍邻居之妻美貌，曾当垆沽酒，阮籍好饮酒，大醉后便眠于其妻身旁。其夫初有疑心，细察后发现阮籍并无他意，可见阮籍行事之放浪潇洒。

赏析：

时光流逝，词人已近迟暮，对于季节与时令的流转更加哀伤。下片更添离愁与自伤之情，身世之感极强。

霓裳中序第一·天北万里极
（翻白石旧韵）

扫一扫，听古调新歌

天北万里极，大野征銮休不得。霜鬓殷切乞力，有云上霓裳，人间绳索。昆仑断隙，漫长风、渔阳刀客。前朝事，一枝红月，湛湛[1]碧空色。

徒寂，对天如壁，正萧瑟、千丝百织。横吹笛音鹤迹[2]，别样宫廷，寻常阡陌。也无由叹息，滴清泪、歇红休碧。千年后、愿君来祭，乱草洛阳侧。

注释：
1. 湛（zhàn）湛：形容澄澈。
2. 笛音鹤迹：传说曾有仙人吹笛乘鹤经过黄鹤楼。见《翠楼吟·月冷龙沙》注5。

新 歌

霓裳中序

《霓裳中序第一·天北万里极》——翻白石旧谱反其意

金 宝 词
王晨旭 曲

1=Db 4/4 伤感地

| 0 0 0 0363 | 21· 1 | 0671 2 17 7· | 17 3 0363 |
  天北万里极， 大野征銮休不 得。 霜鬓殷

| 3· 6 7 0721 1176 | 6· 33 0 0 | 3201 23 3367 71 7 |
  切乞力，有云上霓裳,人间绳索。 昆仑断隙， 漫长风,渔阳

| 7· 3 3 03 | 6· 33 32 63 32 5 | 7 176 - - |
  刀客。 前朝事,一枝红月湛湛碧空色。

| 3· 66 6632 6532 | 7· 717 3 - | 3 2· 33 3217 |
  徒寂, 对天如壁,正萧瑟、千 丝百织。 横吹笛 音鹤迹,

| 7665 0542 27 7 0 | 1· 20 7 7· 117 | 7· 606 6323 6 03 |
  别样宫廷,寻常阡陌。 也 无由叹息,滴清泪、歇红休碧。千

| 6· 3332 36 3417 7 | 7· 66 - - ‖ 3· 66 6632 6532 |
  年后、愿君来祭,乱草洛阳 侧。 徒寂,对天如壁,正萧瑟、

| 7· 717 3 - | 3 2· 33 3217 | 7665 0542 27 7 0 |
  千 丝百织。 横吹笛 音鹤迹,别样宫廷,寻常阡陌。

| 1· 20 7 7· 117 | 7· 606 6323 6 03 | 6· 3332 36 3417 7 |
  也无由叹息,滴清泪、歇红休碧。千年后、愿君来祭,乱草洛阳

```
| 7̇·  6 6  -  -  | 0  0  0  0363 | 2 1·  1  0671 2 1 7̇ |
    侧。                          天北万 里极， 大野征 銮 休不

| 7̇·   1 7̇ 3  0363 | 3· 6̇ 6̇ 7̇  072̇1̇ 1̇1̇76 | 6· 3̇ 3  0  0 |
    得。   霜鬟殷切乞  力， 有云上霓裳，人间绳 索。

| 3201 23  3367 71̇ 7̇ | 7  3̇ 3  03̇ | 6· 3̇3 3̇2̇ 63̇ 3̇2̇ 5 |
   昆仑断隙，  漫长风，渔阳刀 客。       前朝事， 一枝红月湛湛碧

| 7̇ 1̇76  -  03̇ | 6· 3̇3 3̇2̇ 63̇ 3̇2̇ 5 | 7̇ 1̇76  -  03̇ |
   空 色。     前朝事， 一枝红月湛湛碧 空 色。     前

| 6· 3̇3 3̇2̇ 63̇ 3̇2̇ 5 | 7̇ 1̇76  -  -  ‖
   朝事， 一枝红月湛湛碧 空 色。
```

王晨旭：《霓裳中序第一》设计图
（统一为降D宫调记谱）

- 新歌调式设计脱胎于古调。两者音阶连续均为四个大2°、四个小2°的内涵。
- 新歌以降b小调升Vii级音即借降B宫调变宫音代替古调中调式变徵音。
- 新歌的音程向量标准序为——
  新歌（3，5，6，5，5，2）
  古调（4，5，5，4，5，2）
  由此可见，左右旋律风格的关键因素含量即全音、纯四度以及三全音含量一致。唯新歌调式对古调调式中的小二度使用略有削弱，大小三度使用有所增强。

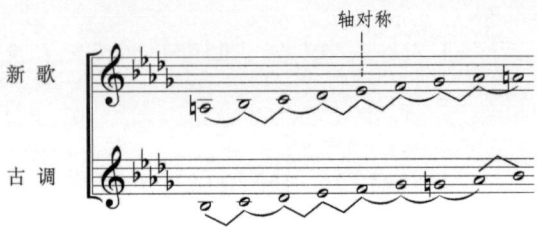

- 新歌调式为以降E商音为轴的轴对称调式结构。

- 新歌旋律脱胎于古调，与其他作品处理所不相同的是，新歌《霓裳中序第一》在对于旋律轮廓的保持和模仿方面，不再以"句对句"的方式逐句塑形，而是将不同字词位置的音乐素材选择扩展到较远的位置；

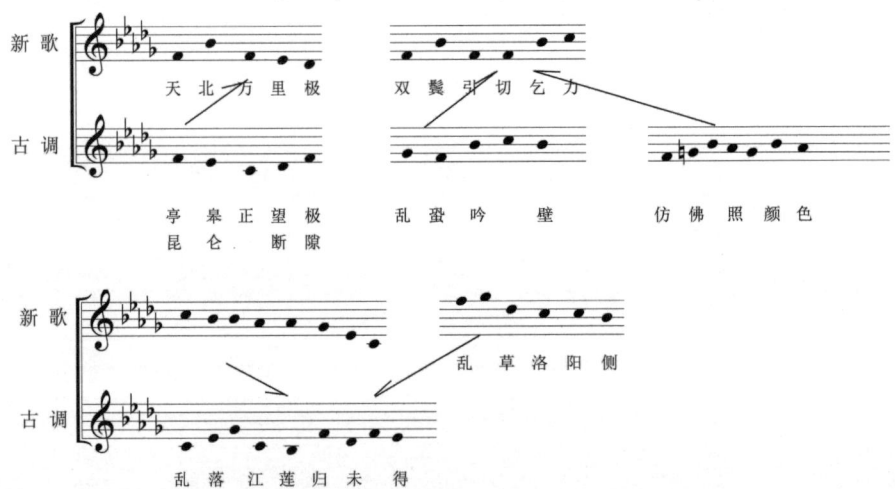

玉梅令·疏疏雪片
（白石原韵）

　　疏疏雪片。散入溪南苑。春寒锁、旧家亭馆。有玉梅几树，背立怨东风，高花未吐，暗香已远。

　　公来领略，梅花能劝。花长好、愿公更健。便揉春为酒[1]，翦[2]雪作新诗，拼一日、绕花千转。

注释：

1. 揉春为酒：将春色酿成醇酒。
2. 翦：即"剪"。

赏析：

　　词人此时客居范成大家中。上片寥寥数语，"得梅之神"，极尽梅花之情韵。下片祝愿病中的友人早日康复、欣赏梅花，扣回上片之梅，结构完整，情感真挚。

玉梅令·闲云片片
（翻白石旧韵）

扫一扫，听古调新歌

　　闲云片片。落向南山苑。春衫薄、几家梅馆。借别亭暮雨，一霎过平湖，无人更好，笛声更远。

　　花前醉卧，君曾来劝。便长生、只心难健。有眉头旧事[1]，聚散总飘零，也不似、百回千转。

注释：

　　1. 眉头旧事：李清照《一剪梅》："此情无计可消除。才下眉头，却上心头。"

赏析：

　　词境悠远，造语精致，情感含蓄蕴藉，值得品读。

新 歌

闲云片片

姜夔（宋）金宝 词
王晨旭 曲

1=D 4/4

(1) | 0 0 0 0 5 | 2 3 5 5 5 3 | 2 1 2 2 3 3 | 3· 2 2· 5 |
　　　　　　　闲 云 片 片， 落 向 南 山 苑。春 衫 薄、几 家 梅

(5) | 3 - - 0 | 6 7 6 5 3 | 3 - 0 3 2 3 | 2 2 2 2 1 6 |
　　馆。　　　借 别 亭 暮 雨，　　一 霎 过 平 湖， 无 人 更 好，

(9) | 2 3 5 2 2 - | 2 - 0 5 | 2 3 5 5 5 3 | 2 1 2 0 3 5 6 6 |
　　笛 声 更 远。　　　疏 疏 雪 片。 散 入 溪 南 苑。春 寒 锁、

(13) | 3· 2 2· 1 1 3· 3 | 3 5 5 6 2 1 0 1 6 | 5· 3 1 - |
　　旧 家 亭 馆。　有 玉 梅 几 树， 背 立 怨 东 风，

(17) | 2 3 5 3 6 5 | 2 1· 1 - | 1 - 0 3 5 | 5 2· 2 2 1 1 |
　　高 花 未 吐,暗 香 已 远。　　　　花 前 醉 卧， 君 曾 来

(21) | 1 5· 5 2 1 | 3 - 3 6 5 3 | 3 2· 2 - | 1 2 3 5 6 5 5 |
　　劝。　 便 长 生、　只 心 难 健。　　有 眉 头 旧 事，

(25) | 2 3 5 1 2 1 1 | 6 6 2 3 3 6 6 1 5· 5 | 3· 5 2 1 0 3 2 3 5 |
　　聚 散 总 飘 零，也 不 似、 百 回 千 转。 公 来 领 略， 梅 花

(29) | 6· 5 5 0 0 1 | 1 3 0 3 2 5 | 6· 5 5 0 0 | 3 2 1 2 3 6 - |
　　能 劝。 花 长 好， 愿 公 更 健。　 便 揉 春 为 酒，

(33) | 6 6 5 5 6 5· 3 | 6 5 5 6 2 0 2 3 | 3 1· 1 - | 1 - - - ||
　　翦 雪 作 新 诗， 拼 一 日、 绕 花 千 转。

王晨旭：《玉梅令》设计图
（统一为F宫调记谱）

- 白石道人古调《玉梅令》采用"高平调"即阳平调。
  高平调主要指字词声音高而平，多由一个5°向另一个5°延展，没有升降变化。
- 新歌《玉梅令·闲云片片》调式脱胎于古调。
  并在高平调中简省变徵音，其全貌为加变宫的F宫七声音阶。

- 新歌仍是以五声调式正音级为主，偏音只在情绪推展至近结尾处时出现一次。

- 新歌对唐宋美学及艺术境界方面也进行了探索。
- 传统"吴声"的表现形式对该作的写作、编配及演唱者的二度处理方面给予启发。

扫一扫，听古调新歌

醉吟商小品·又正是春归
（白石原韵）

又正是春归，细柳暗黄千缕。暮鸦啼处。梦逐金鞍去。一点芳心休诉。琵琶解语。

赏析：

此词写思念合肥恋人，却从对面落笔，想象恋人"梦逐"自己的"金鞍"。"春归""暗黄""暮鸦"等语与情感相衬，词短情长。

醉吟商小品·夏日且悲春
（翻白石旧韵）

夏日且悲春，又见白丝成缕。破梅花处。胡马窥江去[1]。剩水残山[2]空诉。吴音越语。

注释：

1. 胡马窥江去：姜夔《扬州慢·淮左名都》："自胡马窥江去后，废池乔木，犹厌言兵。"见《扬州慢·淮左名都》注4。
2. 剩水残山：亡国后的残破山河。杜甫《陪郑广文游何将军山林》诗："剩水沧江破，残山碣石开。"

虞美人·赋牡丹
（白石原韵）

　　西园曾为梅花醉。叶翦春云细。玉笙凉夜隔帘吹。卧看花梢摇动、一枝枝。

　　娉娉袅袅教谁惜。空压纱巾侧。沈香亭北[1]又青苔。唯有当时蝴蝶、自飞来。

注释：

　　1."沈香亭北"句：据传唐玄宗时，宫中沉香亭牡丹盛开，玄宗携杨玉环赏花，命李龟年奏乐，因嫌旧乐词不衬名花美人，故遣李龟年持金花笺召李白。李白进三章《清平乐》词，其一曰："名花倾国两相欢，长得君王带笑看。解释春风无限恨，沉香亭北倚阑干。"

赏析：

　　写牡丹反以梅花起笔，反衬对牡丹的喜爱。沉香亭之典暗含今昔之感，由盛唐至南宋，情绪颇为落寞。

虞美人·南来特许词家醉
（翻白石旧韵）

扫一扫，听古调新歌

南来特许词家醉。越语吴音细。西湖池畔软风吹。欢霎一时歌舞、第一枝[1]。

汴梁[2]家国故人惜。谁在徽钦[3]侧。江东长夏长鲜苔。别似当年风雨、自西来。

注释：

1. "西湖池畔"句：南宋林升《题临安邸》："山外青山楼外楼，西湖歌舞几时休？暖风熏得游人醉，直把杭州作汴州。"
2. 汴梁：北宋都城，今开封。
3. 徽钦：北宋徽宗、钦宗二帝。金兵灭北宋后将二帝掳至金国上京城，后囚至五国城。

赏析：

上片写吴越之地歌舞动人，情境甚美，下片忽而转向汴梁故国，两相对比，家国之伤顿出。

古调《虞美人·赋牡丹》

姜夔 作词
王晨旭 依古韵复原补曲

西园曾为梅花醉。叶翦春云细。

玉笙凉夜隔帘吹。卧看花梢摇动、一枝枝。

娉娉袅袅教谁惜。空压纱巾侧。

沈香亭北又青苔。唯有当时蝴蝶、自飞来。

注：
- 古调《虞美人》为唐教坊曲牌。《脞说》中曾称其起源于项藉"虞兮"之歌，故得"虞美人"之调，而曲牌未必起源于当时。对于《虞美人》的解释又有"称旧曲三，其一为中吕宫，近世又转入黄钟宫，兹取两格"之说。姜夔《虞美人·赋牡丹》即为填词之作，时空流转，原谱散佚，今于此词牌残章断简中寻求古法补之，幸有零丁吟唱、昆曲、吴声中的宋韵遗存参考，兼收《白石道人歌曲》复证，遂匍匐跽耕之，以遗来者。曲谱中沿袭了古乐谱对节奏不加标记的传统，演绎欣赏时，可根据断句方式、语言寓意等轻易推断出其节奏。
- 新歌《虞美人·南来》通过曲作者根据古调《虞美人》起承转合写法和结构法则的研究，将唐宋古韵与当代流行性旋法相结合。全曲采用F宫调，后被犯调至降E宫调，以应和历史记载中古调《虞美人》"兹取两格"之意。曲中衬字的选择皆由曲作者根据吴地方言造型而来。
- 古调《虞美人》与新歌《虞美人·南来特许词家醉》在演唱过程中，应注意字词本身的音韵，以说带唱，求韵重于求其声，具有丰富的二度处理空间。

新 歌

虞美人

姜夔（宋） 金宝 词
王晨旭 曲

1=F 4/4

(1) 0 0 0 5121 | 2 3 3 0 3431 | 1·6 6 — 5121 |
南来特许** 词 家 醉。越吾吴音 细。 西湖池畔

(4) 2 5 5· 56553 | 33 3 3 2 2 5121 | 2 23 3 0 011 5 |
软 风 吹。吹鬟一时歌舞、第一枝。汴梁家国 故 人惜。谁在徽

(7) 5· 4 4 0 5121 | 2 5· 55 5331 | 6·3 3 3 511·6 |
钦 侧。 江东长夏 长 鲜 苔。别似当年 风雨、当年风雨、

(10) 6· 55 5· 5 2· 3 | 1 — — — | 1 — — 5121 |
自 西 来。 西园曾为

(13) 2 3· 3 0 1231 | 11·6 6 — 5121 | 2 5· 5 0 56 5331 |
梅 花 醉。叶翦春云 细。 玉笙凉夜 隔 帘 吹。卧看花梢摇动、

(16) 3· 11 156 6 0 5121 | 2 23 5 0 53 035 | 5· 16 0655 3653 |
一 枝 枝。娉娉袅袅 教 谁 惜。空压纱 巾 侧。 沈香亭北又青苔。

(19) 1· 56 23 3 6 | 2· 11 — — | 5 5353 315 0121 |
唯有 当时蝴蝶、自 飞 来。 咿 喂伊 喂喔、喂伊

(22) 1 61 115 55655 0 | 5 5353 315 5121 | 1565 5 0253 5321 |
吨 咿地 咿地、 喔、 呜、

古调新歌

(25)
| 5 5353 1601 3116 | 1661 115 5516 65· | 5 5353 3101 2115 |
喂 喔 吔、呜 哇 呀呷、诶哎、 呜

(28)
| 56 11 - - | 4 2 - 2 | i - i61 i261 |
(1=Bb)
喔 呀 呗 嘚、 家 国、

(31)
| 4 2 2 242 2424 | 5 - - - | 5 4 3 3 1 6 |
呜 唠 啊 汴 梁 家 国 故 人

(34)
| 3 2 i· 61 | 2 i 6 4122 | 61 121 6 4122 - |
惜。哎 哎、别以 当 年 风 雨、 别以 当 年 风 雨、

(37)
| 2 - 6 i | 5 4 3 3 1 | 3 2 - i 2 |
自 西 来。

(40)
| 3 2 23 22 | 6 5 - 612 | 5655 4 0 21 |
沈 香 亭 北 又 青 苔。唯 有 当 时

(43)
| 2 2 - - | 4 120 065 0 6i | 4 5 6 4 |
蝴 蝶、 当 时 蝴 蝶、自 飞 来。

(46)
| 3 - 0 34 3431 | 2 3 4 2 | 6765 0 i |
哎 哎

(49)
| 5· 6 0 4 3431 | 1 3431 01 2 | i 6 6 - 0 |
哎、 当 时 蝴 蝶、自

(52)
| 4 - - - | 4 - - - ‖
飞 来。

踏莎行·燕燕轻盈
（白石原韵）

燕燕轻盈，莺莺娇软[1]，分明又向华胥[2]见。夜长争得[3]薄情知？春初早被相思染。

别后书辞，别时针线，离魂暗逐郎行远。淮南[4]皓月冷千山，冥冥归去无人管。

注释：

1. "燕燕"句：指姜夔恋人。"轻盈"谓体态，"娇软"谓音色。
2. 华胥（xū）：《列子》："黄帝昼寝而梦游于华胥氏之国。"后以"华胥"指梦境。
3. 争得：怎得，怎么能够。
4. 淮南：姜夔恋人居安徽合肥，宋时属淮南路。

赏析：

此篇遣词精致凝练，而情感幽深绵长。姜词写艳情时能尽数剔除浮艳之语，不写恋人的眉眼体肤，而是以"莺莺燕燕""书辞针线"带出其人剪影。梦境与离魂的穿插令此篇更为幽深清冷，然情绪炽烈真诚，"淮南皓月冷千山，冥冥归去无人管"已成名句。

踏莎行·淮北云低
（翻白石旧韵）

淮北云低，江东风软，荷花十里[1]窥相见。渡江便得且偷安，江山更把河山染。

故国如针，乡音如线，三秋桂子离家远。几曾梦得汴梁城，春风不管秋风管。

注释：

1. 荷花十里：与下片"三秋桂子"同出自柳永《望海潮》："有三秋桂子、十里荷花。"

赏析：

在韵脚受限的前提下依然作出警语，春风不度汴梁城，旧都景色唯余秋色。

古 调 《踏莎行·燕燕轻盈》

姜夔 作词
王晨旭 依古韵复原补曲

注：古调《踏莎行·燕燕轻盈》依吴声古调复原补曲，补曲过程中颇得其空山野趣。

浣溪沙·著酒[1]行行[2]满袂[3]风
（白石原韵）

著酒行行满袂风，草枯霜鹘[4]落晴空。销魂都在夕阳中。

恨入四弦[5]人欲老，梦寻千驿[6]意难通。当时何似莫匆匆。

注释：

1. 著酒：被酒，饮了酒。

2. 行行：不停行走。

3. 袂（mèi）：衣袖。

4. 霜鹘（hú）：秋天的隼鸟。鹘，一种猛禽。

5. 四弦：指琵琶。

6. 千驿：形容路途遥远。古时设置驿站作为交通和运输之所。

赏析：

上片写景，秋色苍茫，以夕阳过渡至下片怀人，篇章结构带动情绪起伏，低徊往复。

浣溪沙·萧瑟山河怨北风
（翻白石旧韵）

萧瑟山河怨北风，杭州热闹汴州空。只同明月万华中。

两地花香香欲碎，一帘幽梦梦难通。秋来春去太也匆。

赏析：

与前几篇类似，此篇亦写南北宋之变，但措辞更为浅易清新，耐人寻味。

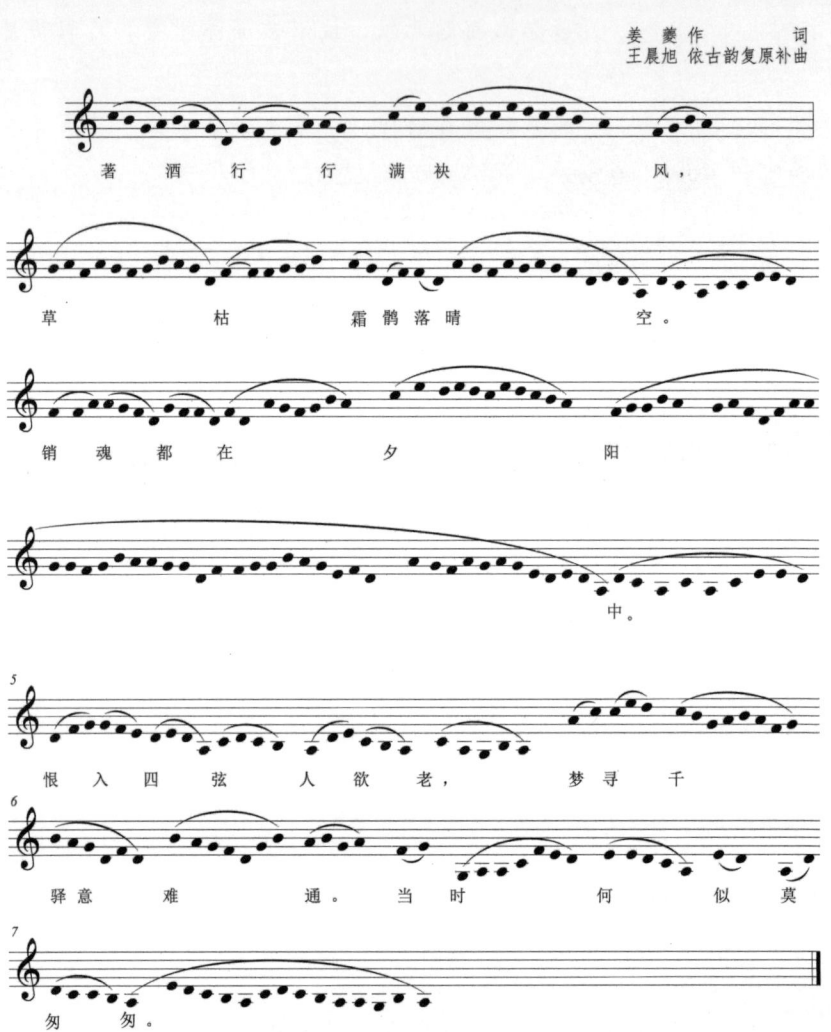

诉衷情·端午宿合路
（白石原韵）

　　石榴一树浸溪红。零落小桥东。五日[1]凄凉心事，山雨打船篷。

　　谙世味，楚人弓[2]。莫忡忡。白头行客，不采苹花，孤负薰风[3]。

注释：

　　1. 五日：指阴历五月初五端阳节。万俟咏《南歌子》："五日凄凉，今古与谁同。"

　　2. 楚人弓：据传春秋时楚共王出游，遗失其弓。侍从请求寻找，共王曰："楚人失弓，楚人得之，又何求焉？"孔子听说此事后说："惜乎！其不大也。不曰：'人遗之，人得之。'何必楚也。"

　　3. 薰风：南风。

赏析：

　　开篇写初夏景色，颇得神韵。全片情绪转折起伏，流畅委婉。

诉衷情·残梅还剩一枝红
（翻白石旧韵）

残梅还剩一枝红。恹恹小楼东。寂寞篱园香草，疏雨隔帘篷。

从别后[1]，人依旧。又忡忡[2]。断肠时候，物是情非，往事如风。

注释：

1. 从别后：自从离别之后。晏几道《鹧鸪天·彩袖殷勤捧玉钟》："从别后，忆相逢，几回魂梦与君同。"

2. 忡忡：忧愁的样子。

扫一扫，听古调新歌

古 调 《诉衷情·端午宿合路》

姜 夔 作 词
王晨旭 依古韵复原补曲

石榴一树浸溪红。零落小桥东。

五日凄凉心事,山雨打船篷。

谙世味,楚人弓。莫忡忡。白头行客,不采苹花,孤负薰风。

注:
- 古调《诉衷情·端午宿合路》依据吴语吟唱复原补曲,在唱诵时,"谙世味"起处速度可以略加快,以突显姜夔的自我未结之情。
- 新歌《诉衷情·残梅还剩一枝红》又名《从别后》,将宋时姜夔与当代诗人的词结合,同时调整结构,实现古今对话。
- 《诉衷情·残梅还剩一枝红》脱胎于古调《诉衷情·端午宿合路》同时力求文字的平仄韵律与音乐融为一体。新歌中出现的"摇摆"风格营造,更是意图凸显汉语言的趣味性与洒脱自然的文人情趣。

新歌

从别后

姜夔（宋）金宝 词
王晨旭 曲

1=C 4/4

(1) 0 067 17 67 1 | 307 - - | 0 067 17 67 1 | 67 665 5 - |
从别后，人依旧。又忡忡。　　断肠，物是情非，往事如风。

(5) 0 6·22 23·2 | 3 6·66 71 | 2·17 12·17 6 | 74 77 - |
残梅还剩一枝红。怏怏小楼东。寂寞园香草，疏雨隔帘篷。

(9) 0 067 17 67 1 | 307 - - | 0 067 12·17 1 | 17 665 5 - |
谙世味，楚人弓。莫忡忡。　　白头客不采花，孤负薰风。

(13) 0 063 23 26 | 0 3 3 1 | 2·17 12·17 6 | 7 7 7 7 |
从别后，人依旧。又忡忡。断肠时候物是情非，往事如

(17) 6 - - - | 0 3·23 #23 6 | 63 3· 3 | 2 120 3· |
风。　　残梅还剩一枝红。　怏怏小楼东。

(21) 3 - 0 0 | 0 76 6·71 2 | 2· 23 3 - | 36 36 1 3 |
寂寞园香草，喔　　疏雨隔帘篷。

(25) 3 - - - | 0 1·67 1 | 67 66 5 5 | 3 32 01 20 30 |
石榴一树它漫溪红。零落小桥

(29) | 0 7· - 0 | 0 6·76·32·1 1·· | 17 6·6 6 6·70·6 - |
东。　五日凄凉心事，　山雨　打　船　篷

(33) | 6 - - - | 6 - - - | 0 067·17·67·1 307 - - |
从别后,人依旧。又忡忡。

(37) | 0 067·17·67·1 67 6·65· 5 - | 0 6·22·23·2 3 6·66·71 |
断肠,物是情非,往事如风。　残梅还剩一枝红。恢恢小楼东。

(41) | 2·17·12·17·6 7·4 7·7 - | 0 067·17·67·1 307 - - |
寂寞篱园香草,疏雨隔帘篷。　谙世味,楚人弓。莫忡忡。

(45) | 0 067·12·17·1 17 6·65· 5 - | 0 063·23·26 0 3 3·1 |
白头客,不采花,孤负薰风。　从别后,人依旧。又忡忡。

(49) | 2·17·12·17·6 7 7 7 7 | 6 - - - | 6 - - - |
断肠时候,物是情非,往事如风。

(53) | 6 - - - | 6 - - - ‖

惜红衣·吴兴荷花
（白石原韵）

扫一扫，听古调新歌

簟[1]枕邀凉，琴书换日[2]，睡余无力。细洒冰泉，并刀[3]破甘碧[4]。墙头唤酒，谁问讯、城南诗客。岑寂，高柳晚蝉，说西风消息。

虹梁[5]水陌，鱼浪吹香，红衣[6]半狼藉。维舟[7]试望，故国[8]渺天北。可惜渚边沙外，不共美人游历。问甚时同赋，三十六陂秋色[9]？

注释：

1. 簟（diàn）：竹席。
2. 琴书换日：在弹琴和读书中度过今日、换来明日。
3. 并刀：见《长亭怨慢·渐吹尽》注4。
4. 甘碧：犹言西瓜。
5. 虹梁：精美的桥梁。
6. 红衣：指荷花。
7. 维舟：用绳子系住小船。
8. 故国：指故乡。一说指北宋都城汴京。
9. 三十六陂（bēi）秋色：无数水塘中的荷花。三十六，极言其多。陂，水塘。秋色，指荷花。王安石诗："三十六陂春水，白头想见江南。"

赏析：

姜词多作"清刚"之语，此篇亦不例外。夏末秋初，凄凉心境，这不仅源于词人自身遭际的不顺，更是源于整体时代背景的悲凉基调。

惜红衣·骤雨催宵
（翻白石旧韵）

骤雨催宵,凉风逐梦,殆余心力。细剪星城,鼓声射空碧。抛光别影,天地湿、千年一客。休寂,青眼[1]泪干,洗金觥[2]将息。

山中事老,云外何人,玲珑入秋藉。经书看破,燕信在南北。浪迹不如长夜,白发乱翻黄历。旧友堪同病,劫得一时春色。

注释：

1. 青眼：魏晋时阮籍为人狂傲,以"青眼"视其尊重之人,以"白眼"视其鄙夷之人。

2. 金觥（gōng）：精致的酒杯。

一萼红·古城阴[1]
（白石原韵）

　　古城阴，有官梅[2]几许，红萼未宜簪[3]。池面冰胶[4]，墙腰雪老，云意还又沉沉。翠藤共闲穿径竹，渐笑语惊起卧沙禽。野老[5]林泉，故王台榭[6]，呼唤登临。

　　南去北来何事？荡湘云楚水，目极伤心。朱户黏鸡[7]，金盘簇燕[8]，空叹时序侵寻[9]。记曾共西楼雅集，想垂杨还袅万丝金。待得归鞍到时，只怕春深。

注释：

1. 城阴：城北。

2. 官梅：官府种植的梅树。

3. 簪：簪花，将花朵插在头发上。

4. 冰胶：水面结冰，如同胶水黏合。

5. 野老：村野老人。

6. 故王台榭：西汉景帝之子长沙定王刘发所筑之台，后世称作定王台。在今湖南长沙。

7. 朱户黏鸡：旧时习俗，在农历正月初七"人日"这一天贴画鸡于门上以辟邪。朱户，指富贵人家。

8. 金盘簇燕：旧时习俗，立春日供春盘，绘有"翠缕红丝，金鸡玉燕"（《武林旧事》）。

9. 侵寻：流逝。

赏析：

　　怀古、身世、怀人，种种情思，凝于一篇中。姜夔造词往往别出心裁，"池面冰胶，墙腰雪老""朱户黏鸡，金盘簇燕"等语令人耳目一新。结尾处时令转变，从眼前事言及未来事，虚笔更添缥缈。

一萼红·夏长阴
（翻白石旧韵）

夏长阴，被南风变老，浑欲不胜簪[1]。苏子[2]胸襟，周郎[3]才气，曾惹残月西沉。几番故人逢赤壁，算大野不敢唤游禽。又恐长江，去留千里，无意东临。

家国而今堪对，叹空余地角，只剩天心。周庙[4]愁遥，清祠[5]梦远，何况花落难寻。只赢得扬州小杜，为青楼一醉散千金[6]。得失无非百年，化作云深。

注释：

1. 浑欲不胜簪：杜甫《春望》："白头搔更短，浑欲不胜簪。"

2. 苏子：北宋文学家苏轼。

3. 周郎：三国时东吴名将周瑜。

4. 周庙：周代的宗庙。

5. 清祠：清代的宗庙。

6. "只赢得"句：杜牧诗："十年一觉扬州梦，赢得青楼薄幸名。"

赏析：

咏史怀古，常以雄豪壮阔之语。此篇却由时令起笔，流荡宛转，遣词精巧，于平和中暗含惆怅，以哲理性的思考收束全篇。

古 调 《一萼红·古城阴》

姜 夔 作 词
王晨旭 依古韵复原补曲

古城阴，有官梅几许，红萼未宜簪。

池面冰胶，墙腰雪老，云意还沉沉。翠藤共

闲穿径竹，渐笑语惊起卧沙禽。野老林泉，故王台榭，呼唤登临。

南去北来何事?荡湘云楚水，目极伤心。朱户黏鸡，金盘簇燕，

空叹时序侵寻。记曾共西楼雅集,想垂杨还袅万丝金,待得归鞍到时,

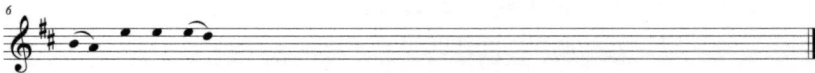
只怕春深。

注：
- 古调《一萼红》据传源自玄宗《一捻红》曲，词名沿之，曰《一萼红》（即《瑞仙鹤》）。
- 在《白石道人歌曲》中姜夔有云"兴尽悲来，醉吟成调，野性横生"云云，在复原补曲过程中，笔者试图将白石道人当时所见及情绪进行摹画。
- 古调《一萼红·古城阴》以步姜夔自度曲《疏影》之韵为基础提取基因制曲。

玲珑四犯·越中岁暮闻箫鼓感怀
（白石原韵）

叠鼓[1]夜寒，垂灯[2]春浅，匆匆时事如许。倦游欢意少，俯仰悲今古[3]。江淹又吟恨赋[4]，记当时，送君南浦。万里乾坤，百年身世，唯有此情苦[5]。

扬州柳垂官路[6]，有轻盈换马[7]，端正窥户[8]。酒醒明月下，梦逐潮声去。文章信美知何用，漫赢得，天涯羁旅。教说与春来要，寻花伴侣。

注释：

1. 叠鼓：一阵阵鼓声。
2. 垂灯：张灯挂彩。
3. 俯仰悲今古：王羲之《兰亭集序》："向之所欣，俯仰之间，以为陈迹。"
4. "江淹"句：江淹，南朝梁文学家，代表作《别赋》中有："送君南浦，伤如之何？"
5. "万里"句：杜甫《登高》："万里悲秋常作客，百年多病独登台。"
6. 官路：官府修建的大路。
7. 轻盈换马：古乐府《杂曲歌辞》有《爱妾换马》篇。
8. 端正窥户：美丽的女子偷看人家的门户，指情遇之事。与上句"轻盈换马"均指风流韵事，言扬州之倜傥多情。

赏析：

起笔写岁暮情境，反衬出词人之孤寂。次句笔势忽起，俯仰之间，时空距离被拉到极限，万里、百年之语令悲苦之情倾泻而出。下片又转向回忆，扬州当年的美景化为无有，自己怀才不遇、生活困顿，最终引向的是人生空漠的无聊之感。

玲珑四犯·苦雨发春
（翻白石旧韵）

扫一扫，听古调新歌

　　苦雨发春，酸风当夏，江门归客曾许。奈何人不见，也是今如古。寻常更留别赋，恨图南，落花香浦。老柳低吟，小红闲唱[1]，仿佛比谁苦。

　　宫墙远游丝路，惜吴王四海，楚国三户[2]。梦中吹号角，又送征衣去。白幡满地碑重立，只剩下，百年愁旅。都付与夕阳外，高秋伴侣。

注释：

　　1. 小红闲唱：姜夔《过垂虹》诗："自作新词韵最娇，小红低唱我吹箫。"

　　2. 楚国三户：《史记·项羽本纪》："楚虽三户，亡秦必楚。"三户，指楚国三大氏族屈、景、昭。

古 调《玲珑四犯·越中岁暮闻箫鼓感怀》

姜 夔 作 词
王晨旭 依古韵复原补曲

注：
- 古调《玲珑四犯》根据昆曲曲牌遗存整理，并结合白石道人宋词原韵进行复原补曲。顾名思义，《玲珑四犯》即指曲调发展中出现四次犯调，据传为"大食调"。
- 新歌《玲珑四犯·苦雨发春》（又名《苦雨发春》）结合了昆曲风格及阿卡贝拉的演唱形式，由人声表达古韵，表达白石道人"闻箫鼓而感怀"之境。

新 歌

苦雨发春

《玲珑四犯·苦雨发春》——翻白石旧谱

金 宝 词
王晨旭 曲

1=C 4/4
沙哑地 ♩=72

苦雨发春，酸风当夏，江门归客曾许。

奈何人不见，也是今如古。

寻常更留别赋，恨图南，

落花香浦。老柳低吟，小

红闲唱，（喔）仿佛比谁苦。宫墙远

游丝路，

惜吴王四海，楚国三户。梦中吹号角，

梦中吹号角，又送征衣去。白

古调新歌

| 1 7 1 3 3 0 3 | 2 1 2̇ 1 7 7· | 3 1 1 2 2 5 3 3 | 3 - - 0 3 |
幡 满地碑重 立,只 剩下, 百 年 愁 旅。 都

| 6̇ 3· 3· 3̇ 2̇· | 3̇ 5 2 | 5· 6̇ 6 - | 6 - - - |
付与 夕 阳 外,高 秋 伴 侣。

　　　　　　　　　　　　　　　　　间奏　　假声
| 6 - - - | 6 - - - ‖ | 6̇ 3̇ 3̇ 6̇ |
　　　　　　　　　　　　　　　　　　　游 丝 路,

　　间奏　　　　　　　　　　　　　　　　　间奏
| 6̇ - | 3̇ - 6̇ 7̇ | 6̇ 6̇ 6̇ 3̇ - |
吟 恨 赋。

| 6̇ 3̇ 3̇ 6̇ | 6 - ‖ |
(喔)

江梅引·人间离别易多时
（白石原韵）

人间离别易多时。见梅枝，忽相思。几度小窗幽梦手同携。今夜梦中无觅处，漫徘徊，寒侵被，尚未知。

湿红[1]恨墨浅封题。宝筝空，无雁飞。俊游[2]巷陌，算空有、古木斜晖。旧约扁舟，心事已成非。歌罢淮南春草赋[3]，又萋萋。漂零客，泪满衣。

注释：

1. 湿红：红泪，女子两颊有胭脂，故眼泪沾染红色。一说指红色信笺。
2. 俊游：畅快地游玩。
3. 淮南春草赋：见《杏花天影·绿丝低拂鸳鸯浦》注5。

赏析：

别情之作，清雅低徊，实属姜词特色。此篇同样在梦境与现实、往昔与当下之间穿梭，往事依稀，人生空幻，惆怅哀伤之情极为浓烈。

江梅引·人间来去是何时
（翻白石旧韵）

人间来去是何时？雪花枝，对谁思。岭下横云依旧漫相携。长忆此生多误会，惹徘徊，歌又尽，恨不知。

小舟湖畔懒空题。过南浔，魂断飞。命诗带酒，问斜日、一寸芳晖。转个年来，人去各非非。空有长箫山水阔[1]，草萋萋。扬州老，着黑衣。

注释：

1. 山水阔：晏殊《蝶恋花》："欲寄彩笺兼尺素，山长水阔知何处？"

古 调《江梅引·人间离别易多时》

姜 夔 作 词
王晨旭 依古韵复原补曲

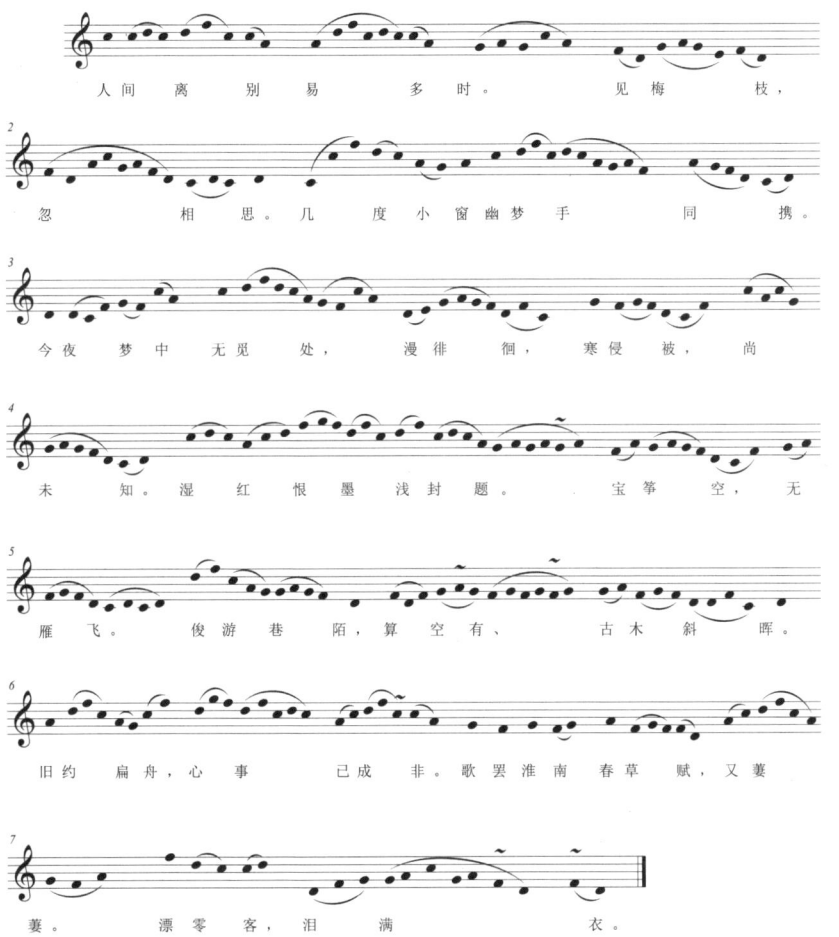

注：古调《江梅引·人间离别易多时》取法自古籍《碎金词谱》南曲遗存。

鬲溪梅令·好花不与殢香人[1]
（白石原韵）

好花不与殢香人，浪粼粼。又恐春风归去绿成阴，玉钿[2]何处寻？

木兰双桨梦中云，水横陈。漫向孤山[3]山下觅盈盈，翠禽[4]啼一春。

扫一扫，听古调新歌

注释：

1. "好花"句：殢香人，沉醉于花、为花所困之人。落花随流水而去，而不与惜花之人同在。
2. 玉钿：女子首饰。
3. 孤山：在西湖。
4. 翠禽：见《疏影·苔枝缀玉》注3。

赏析：

姜夔写梅，往往亦花亦人，物态与人情交织融合，怀人之情由此尽出。

鬲溪梅令·远山不与宦游人[1]
（翻白石旧韵）

远山不与宦游人，锦风粼。采得孤芳幽处满天阴，啼鸟飞去寻。

半衣白雾接青云，画中陈。借个花仙行卷泪珠盈，岭头村外春。

注释：

1. 宦游人：因为在外做官而四处游迁之人。

琵琶仙·双桨来时
（白石原韵）

双桨来时，有人似、旧曲桃根桃叶[1]。歌扇轻约[2]飞花，蛾眉正奇绝。春渐远、汀洲自绿，更添了几声啼鴂[3]。十里扬州，三生杜牧，前事休说[4]。

又还是、宫烛分烟[5]，奈愁里、匆匆换时节。都把一襟芳思，与空阶榆荚[6]。千万缕、藏鸦细柳，为玉尊、起舞回雪。想见西出阳关，故人初别[7]。

注释：

1. 桃根桃叶：见《杏花天影·绿丝低拂鸳鸯浦》注2。
2. 约：阻拦，拦住。
3. 啼鴂（jué）：悲啼的杜鹃。
4. "十里扬州"句：见《扬州慢·淮左名都》注3。
5. 宫烛分烟：古时寒食习俗，韩翃《寒食》："日暮汉宫传蜡烛，轻烟散入五侯家。"
6. "都把"句：韩愈《晚春》："杨花榆荚无才思，唯解漫天作雪飞。"榆荚，即榆钱，榆树开花后所结果实。
7. "想见"句：阳关，多指送别之处。王维《送元二使安西》："劝君更进一杯酒，西出阳关无故人。"

赏析：

此篇人物出场富于镜头感，词人有意回避正面描写，而以歌扇和蛾眉进行剪影式的呈现。下片数典连用，紧扣"柳"这一主体，沿着回忆走向深处，一直推到"初别"之时，情绪也达到了高潮。

琵琶仙·秋水东流
（翻白石旧韵）

扫一扫，听古调新歌

秋水东流，雁飞过、目断沙洲红叶。曾记年少合肥，双影似双绝。烟色里、长堤半月，小舟横怕听山鸠。此去难回，来生不老，花事重说。

莫添酒、更莫回灯[1]，北廊里、天香暗开节。浑似前年初见，旧丝发新芙。风不动、轻怜玉脚，对空弦、寂寞如雪。算是云上相逢，不如长别。

注释：

1. "莫添酒"句：白居易《琵琶行》："移船相近邀相见，添酒回灯重开宴。"

新 歌

秋水东流

《琵琶仙·秋水东流》——翻白石旧曲

金 宝 词
王晨旭 曲

1=G 4/4

| 0 0 0 02 ‖: 23 2 23 3 | 3 | 35 3 0 23 | 2· 6 0 2 23 |
秋水东流，雁飞过、目断沙洲红叶。

| 3 — — 023 | 2 12· 2 6 | 23· 3 2 2 0 | 35 23· 3 2 1 |
曾记年少合肥，双影似双

| 23 3 — 0 | 23 2 23 3 | 3 | 56 5 0 35 | 1· 7 6 5 6 |
绝¹。烟色里、长堤半月，小舟横怕听山

| 3 — — 0 43 | 2 12· 2 6 | 23· 3 2 4 1 | 7 — — 6 7 |
鸠¹。此去难回，来生不老，花事重

1=Bb

| 7 — — | 6· 3 3· 3 | 3 2 1 2 0 | 35 6 6 7 6 5 |
说。莫添酒、更莫回灯，北廊里、天香暗开

| 3 — — — | 2· 3 2 6 | 23 5 — 6 | 2 — 3 5 |
节。浑似前年初见，旧丝发新

| 3 — — — | 6· 3 3· 3 | 3 2 1 2 0 | 35 6 6 7 6 5 |
菱。风不动、轻怜玉脚，对空弦、寂寞如

| 3 — — — | 2· 3 2 6 | 23 5 — 6 | 2 — 3 5 |
雪。算是云上相逢，不如长

1. 鴂：读音同"绝"。

古调新歌

5̇	
6 - - 6 - - -	0 0 6 5 6
别。	ha

| 7 1̇ 2̇ 1̇ | 2̇ 3̇· 3̇ - | 3̇ - - - |

0· 3̇ 4̇ 2̇ 3̇	3̇ - 0 0	0 7 1̇ 2̇ 1̇	0 0 6 5 6
			ha

| 7 1̇ 2̇ 1̇ | 2̇ 3̇· 3̇ - | 3̇ - - - |

间奏

0 0 0· 7 ‖	6· 3̇ 3̇ 3̇	2̇ 1̇ 2̇ 0 3̇ 5̇
秋	莫 添 酒、 更 莫 回 灯，	北 廊

6 6 7 6 5	3̇ - - -	2̇· 3̇ 2̇ 6	2̇ 3̇ 5̇ - 6̇
里、天 香 暗 开 节。		浑 似 前 年 初 见，	旧

2̇ - 3̇ 5̇	3̇ - - -	6· 3̇ 3̇ 3̇	2̇ 1̇ 2̇ 0 3̇ 5̇
丝 发 新 荚。		风 不 动、 轻 怜 玉 脚，	对 空

6 6 7 6 5	3̇ - - -	2̇· 3̇ 2̇ 6	2̇ 3̇ 5̇ - 6̇
弦、寂 寞 如 雪。		算 是 云 上 相 逢，	不

2̇ - 3̇ 5̇	6̇ - - -	6· 3̇ 3̇ 3̇	2̇ 1̇ 2̇ 0 3̇ 5̇
如 长 别。		莫 添 酒、 更 莫 回 灯，	北 廊

| $\dot{6}$ $\dot{6}\dot{7}\dot{6}\dot{5}$ | $\dot{3}$ - - - | $\dot{2}\cdot$ $\underline{3\dot{2}}$ 6 | $\underline{2\dot{3}}$ 5 - 6 |

里、天香暗开节。　　　浑　似前年初见，旧

| $\dot{2}$ - $\dot{3}$ 5 | $\dot{3}$ - - - | $6\cdot$ $\underline{\dot{3}\dot{3}\cdot}$ $\dot{3}$ | $\dot{2}$ $\underline{1\,2}$ 0 $\underline{3\,5}$ |

丝　发　新　荑。　　　风　不动、轻怜玉脚，对空

| $\dot{6}$ $\dot{6}\dot{7}\dot{6}\dot{5}$ | $\dot{3}$ - - - | $\dot{2}\cdot$ $\underline{3\dot{2}}$ 6 | $\underline{2\dot{3}}$ 5 - $\dot{6}$ |

弦、寂寞如雪。　　　算　是云上相逢，不

| $\dot{2}$ - $\dot{3}$ 5 | $\dot{6}$ - - - | $\dot{6}$ - - - ‖

如　长　别。

王晨旭：《琵琶仙》设计图

- 据陆、许本《琵琶》所载，古调《琵琶仙》为黄钟商调、大石调，采用双调手法写作。
- 在新歌《琵琶仙·秋水东流》中，采用双调写法。
- 新歌《琵琶仙·秋水东流》调性设计：

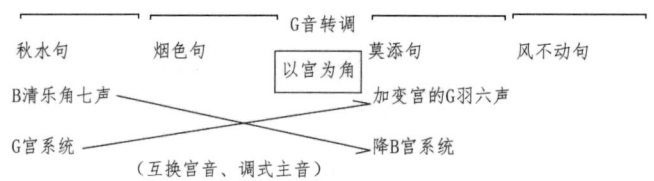

虽古调《琵琶仙》考证艰难，然从唐代"大石调"曲牌古韵遗存，可见其环绕、同音反复之形态特征。在新歌《琵琶仙》中继承了唐韵古调环绕素材与同音反复形态，并进行发展。

侧犯·咏芍药
（白石原韵）

扫一扫，听古调新歌

恨春易去，甚春却向扬州住。微雨，正茁栗[1]梢头弄诗句。红桥二十四[2]，总是行云处。无语，渐半脱宫衣笑相顾[3]。

金壶细叶，千朵围歌舞。谁念我、鬓成丝[4]，来此共尊俎[5]。后日西园，绿阴无数。寂寞刘郎，自修花谱[6]。

注释：

1. 茁栗：形容花蕾嫩小。
2. 红桥二十四：见《扬州慢·淮左名都》注7。
3. "渐半脱"句：比喻芍药花逐渐开放。
4. 鬓成丝：黄庭坚诗："春风十里珠帘卷，仿佛三生杜牧之。红药梢头初茁栗，扬州风物鬓成丝。"
5. 尊俎（zǔ）：盛酒肉的器皿。
6. "寂寞"句：《宋史·艺文志》录有刘攽《芍药谱》一卷，已失传。

赏析：

姜夔咏物词上承周邦彦，此篇写芍药，仍然是情物交融，精巧凝练，艺术性极强。

侧犯·桃源[1]未去
（翻白石旧韵）

桃源未去，东篱草满南山住[2]。行雨，整日里寻章觅真句。隔溪问白石，自在无人处。闲语，冷落些花虫懒怜顾。

千年又见，燕燕堂前舞。悲莫苦、倩何人，为我献刀俎。客老他乡，酒徒充数。不若流年，细吟歌谱。

注释：

1. 桃源：指隔绝于世的美好世界。陶渊明有《桃花源记》。

2. 东篱、南山：陶渊明有诗："采菊东篱下，悠然见南山。""种豆南山下，草盛豆苗稀。"

古 调 《侧犯·咏芍药》

姜　夔　作　词
王晨旭 依古韵复原补曲

恨春易去，甚春却向扬州住。微雨，正茧栗梢头弄诗句。

红桥二十四，总是行云处。无语，渐半脱宫衣笑相顾。金壶细叶，

千朵围歌舞。谁念我、鬓成丝，来此共尊俎。后日西　园，

绿阴无数。寂寞刘郎，自修花谱。

注：
- 古调《侧犯》因其古韵已不可考，复原过程较为坎坷。最终确定依据姜夔《白石道人歌曲》中所载："唐《乐书》云：犯有正、旁、偏、侧。宫犯宫为正、宫为商、宫犯角为偏、宫犯羽为侧。"等推断古调《侧犯》为宫犯羽的调式安排。
- 在补曲过程中，充分参考白石道人古调《凄凉犯》《疏影》《暗香》《霓裳中序》之旋律基因，并进行提取综合，以使该作弥亘姜氏风味。
- 新歌《侧犯》又名《芍药天》，在古调《侧犯》的基础上辅以流行化特征。新歌也对犯调的使用进行了新时期创作历史条件下的延展。

新歌

芍药天
《侧犯·咏芍药》

姜夔 词
王晨旭 曲

1=Bb 4/4
潇洒，略带伤感地 ♩=80

| 0 3 3 2 2 0 1 6 5 | 5 2 2 3 3 | 0 1 6 | 0 6 7 1 2 1 7 0 #6 7 |
恨 春 易 去，甚 春 却 向 扬 州 住。 微 雨， 正 茧 栗 梢 头 弄 诗

| 7 5· 5 — | 3 7 1 1 0 1 6 5 | 5 2 2 3 2 3 3· | 5 |
句。 红 桥 二 十 四， 总 是 行 云 处。 无

| 6 0 6 7 1 2 1 1 0· 2 | 1 — — 1 3 | 3 6 | 0 6 6 5 |
语， 渐 半 脱 宫 衣 笑 相 顾。 金 壶 细 叶， 千 朵 围

| 3 6 0 3 2 3 6 | 2 1 6 0 5 2 1 | 2 3 3 | 3 — — 7 1 |
歌 舞。 谁 念 我、鬓 成 丝， 来 此 共 尊 俎。 后 日

| 1 6 0 6 6 5 | 5 5 3 3 — 0 3 5 | 3 3 6 6 | 0 2 3 3 6 |
西 园， 绿 阴 无 数。 寂 寞 刘 郎， 自 修

间奏

| 2 1 1 — 0 | 4 — 4 4 5 4 3 |
花 谱。 喔

| 2 — — 0 5 | 3 — 3 3 4 3 2 | 1 — — 0 |
喔

| 2 — 2 2 3 2 1 | 6 7 — | 7 1 7 1 7 6 — |
喔 喔

| 6 — ‖

莺声绕红楼·十亩梅花作雪飞
（白石原韵）

十亩梅花作雪飞。冷香下、携手多时。两年不到断桥[1]西。长笛为予吹。

人妒垂杨绿，春风为、染作仙衣。垂杨却又妒腰肢。近前舞丝丝。

注释：

1. 断桥：杭州西湖名景。

赏析：

姜夔游西湖，作此篇以记游。开篇"十亩梅花"顿开场面，写尽西湖风景灵秀、人事风雅。下片转向咏柳，人、物之间相互衬托，艺术成就高。

莺声绕红楼·记得江南江北飞
（翻白石旧韵）

记得江南江北飞。漫游野、打发春时。画桥东畔白云西。工曲座中吹。

燕雀堂前绕，殷勤为、宝钿香衣。花卿总爱弄仙肢。馆娃[1]宫前系千丝。

注释：

1. 馆娃：娃，指美女。馆娃宫意为美女所居之宫。

鹧鸪天·丁巳元日
（白石原韵）

柏绿椒红[1]事事新。隔篱灯影贺年人。三茅钟[2]动西窗晓，诗鬓无端又一春。

慵对客，缓开门。梅花闲伴老来身。娇儿学作人间字，郁垒神荼[3]写未真。

注释：

1. 柏绿椒红：以柏叶、椒实泡酒，所得酒液分别为绿色和红色。
2. 三茅钟：指寺庙或道观的钟声。
3. 郁垒（lù）神（shēn）荼（shū）：传说中的两位神仙，能够驱鬼，被奉为门神。

赏析：

姜词中难得的"暖调"之作，新春景象与天伦之乐交相映衬。

鹧鸪天·戊戌端午竖夜
（翻白石旧韵）

眼底山河日日新。诗人幸得是穷人。寻家强似花间酒，到处合该画里春。

风似马，柳如门。合肥梦断少年身。人间最苦无情字，千百年来莫不真。

赏析：

语意连贯流畅，一气呵成，当属情韵兼胜之作。

扫一扫，听古调新歌

鹧鸪天·元夕有所梦
（白石原韵）

  肥水[1]东流无尽期，当初不合种相思[2]。梦中未比丹青[3]见，暗里忽惊山鸟啼。

  春未绿，鬓先丝，人间别久不成悲。谁教岁岁红莲夜[4]，两处沈吟[5]各自知。

注释：

1. 肥水：也作"淝水"，源出今安徽合肥紫蓬山。
2. "当初"句：当时不应该留下相思之情。不合，不应该。相思，指相思树，一说指红豆。
3. 丹青：指图画。
4. 红莲夜：元宵之夜。
5. 沈吟：即"沉吟"。

赏析：

  作此篇时，姜夔已与恋人分别数十年。恋人的倩影依然萦绕在心头，但浓烈的相思之情已经被时间冲淡为漠漠哀愁，在元宵佳节的夜晚重新涌上词人的心头。

鹧鸪天·合肥遗梦
（翻白石旧韵）

淮北江南各有期，灵犀[1]一片寄愁思。当时独活盘肠见，此日当归带血啼[2]。

一段粉，一层丝，年年寸断不堪悲。重来依旧桥边柳，泪染红船知不知。

注释：

1. 灵犀：犀牛角，比喻心灵相通。李商隐《无题》："身无彩凤双飞翼，心有灵犀一点通。"
2. 独活、当归：中药名。

赏析：

以中草药名入词，颇有趣味。

古 调 《鹧鸪天·元夕有所梦》

姜 夔 作 词
王晨旭 依古韵复原补曲

注：
- 古调《鹧鸪天·元夕有所梦》为大食调，为姜夔根据《鹧鸪天》曲牌填词。在复原补曲过程中，借鉴南宋吴地表演形式"陶真"即"苏州弹词"中曲牌《鹧鸪天》之遗存，并进行比较参考，最终以弹词表演艺术家黄兆雄（1900—1986）演绎的《鹧鸪天·和人韵有所增》作为蓝本记谱补曲。
- 新歌《鹧鸪天·戊戌端午竖夜》延展了这种南宋"陶真"的韵腔与表现形式，旋律走向、装饰、音程大调等核心音乐素材在新歌中尽有体现。

新歌

鹧鸪天

《鹧鸪天·戊戌端午竖夜》——翻赠白石道人

金 宝 词
王晨旭 曲

1=C 4/4
♩=168

| 0 5 6 i 4 | 2̇·4 i 4 2 i 6 | 0 5 5 i 6 i 6 5 i | 4 5 4 2 4 0 0 |

| 0 5 5 6 2 6 4 | 2̇·4 2 i 4 2 i 6 | 5·6 i i i 2 i 6 4 | 5 - 0 0 |

| 0 5 5 4 5 5 4 | i 6 i i - | 0 i 6 i 6 5 | 5 6 5 4 2 2 4 |
  眼 底 山 河 日 日 新。   诗 人 幸 得 是 穷 人。

| 0 i i 6 i | 0 4 4 6 i | 0 i 5 i 6 5 | 4 5 4 2 i 4 - |
  寻 家 强 似 花 间 酒， 到 处 合 该 画 里 春。

| 0 4̇ 4 6 i | 0 i 4 4 - | 0 4̇ 4̇ 2 2 i | i 6 5 6 i - |
  风 似 马， 柳 如 门。 合 肥 梦 断 少 年 身。

| 0 4 4 2 i | 6 i 2̇ - | i·2̇ i 6 5 6 i 2 | 4 - - - |
  人 间 最 苦 无 情 字， 千 百 年 来 莫 不 真。

| 2̇· i i 2̇ | 6̇ 4̇ - 2̇ | 2̇· 4̇ 4̇ 5̇ | 6̇ - - - |
  柏 绿 椒 红 事 事 新，

| 5̇ 3̇ 2̇ 2̇ 4̇ | 6̇· 2̇ 2̇ i | 0 4̇ 2̇·4̇ 2̇ i | 4 - - - ‖
  隔 篱 灯 影 贺 年 人。

水调歌头·富览亭永嘉作
（白石原韵）

日落爱山紫，沙涨省[1]潮回。平生梦犹不到，一叶[2]眇西来。欲讯桑田成海[3]，人世了无知者，鱼鸟两相推[4]。天外玉笙杳，子晋只空台[5]。

倚阑干，二三子[6]，总仙才。尔歌远游章句[7]，云气入吾杯。不问王郎五马[8]，颇忆谢生双屐[9]，处处长青苔。东望赤城[10]近，吾兴亦悠哉。

注释：

1. 省：发现，觉察。

2. 一叶：指小船。

3. 桑田成海：传说麻姑曾三次见到东海变为桑田，后以"沧海桑田"比喻世事变化极大。

4. 鱼鸟两相推：鱼和鸟都推说不知道。

5. "天外"句：传说周灵王太子晋爱好吹笙，其声有如凤凰鸣叫，由浮丘生接引得道成仙，乘白鹤至缑氏山，飘然而去。

6. 二三子：指与词人同行之人。

7. 远游章句：指《楚辞·远游》篇。

8. 王郎五马：据传王羲之在永嘉任上，庭下有五匹马，皆以华贵之物饰之。事实上，王羲之任职永嘉之事应为后人附会。

9. 谢生双屐（jī）：谢灵运曾任永嘉太守，发明"谢公屐"，上山下山时可以分别调节屐齿。

10. 赤城：山名，在今浙江台州，是道教名山。

赏析：

词人漫游永嘉，作此篇记游。上片写景，但不流于浅俗，而是将思想与气质注入风景当中。下片连用数典，展现永嘉的历史人情，气势超拔。

水调歌头·非是佛天远
（翻白石旧韵）

扫一扫，听古调新歌

　　非是佛天远，此去不轮回[1]。犹疑人间诸相[2]，悲念又重来。接引[3]何须交集，独自南山打坐[4]，墙老任人推。最爱菩提子[5]，不在九层台。

　　但空有，回天力，异时才。再无当年豪饮，甘露[6]且添杯。莫使周郎儿戏，错怪东坡夫子，岸上长新苔。大梦谁先觉，生死复欢哉。

注释：

　　1. 轮回：佛教认为存在生死轮回。

　　2. 诸相：佛教语，指一切事物外现的形态。

　　3. 接引：佛教指佛引导信佛的人到西天去。

　　4. 打坐：佛教修行方法之一，闭目盘膝而坐，调整气息出入，手放在一定位置上，不想任何事情。

　　5. 菩提子：佛教的一种圣物。

　　6. 甘露：佛教中比喻佛法等。

古 调《水调歌头·富览亭永嘉作》

姜夔 作词
王晨旭 依古韵复原补曲

注：
- 古调《水调歌头·富览亭永嘉作》取法南音进行复原补曲。
- 新歌《水调歌头·非是佛天远》亦根据南音古调《水调歌头》宋韵之核心音程进行发展创作。在旋律幅度、高潮设计等诸方面二者有异曲同工之妙。新歌末尾省略金宝词"大梦谁先觉，生死复欢哉"，转而通过伤感又灵动、富有生命气息的衬字代替，突出意境，韵大于声。

非是佛天远

《水调歌头·非是佛天远》——翻白石旧韵

金 宝 词
王晨旭 曲

1=C 6/4

沉思地 ♩=56

```
| 3 - - 31 236 | 0 67 6745 3 | 3 - - 01 7171 | 61 6   2 23 3 - |
  非    是佛天远，  此去 不轮回。      犹疑人间诸   相悲念又 重来。

| 6 - - 5 - 04 | 3 - 2 6 - 6 | 62 23 4 2· 4 | 3 - 2 17 7 - |
  接    引 何须  交 集，  独自南山打坐， 墙老 任人推。

| 3 - - 31 236 | 0 67 6745 3 | 3 - - 01 7171 | 61 6   2 23 3 - |
  非    是佛天远，  此去 不轮回。      犹疑人间诸   相悲念又 重来。

| 6 - - 5 - 04 | 3 - 2 6 - 6 | 62 2·1 2· 4 | 3 - 2 17 6 - |
  接    引 何须  交 集，  独自南山打坐， 墙老 任人推。

| 6 - - 0 0(**)| 3 - 6·4 - 3 | 3 - - - - - | 3 - 63 - 1 |
              最 爱 菩提 子，             不 在九 层

| 1 - - - - - | 3 - 6·5 - 6 | 2 - - - - - | 3 - 33 6 7 |
  台。        最 爱 菩提 子，             不 在九 层

| 7 - - 0 217 | 7 176 - 6 0 | 721 7 176 - 6 | 0 611 |
  台。    但空有，   回天力，           异时

| 2 - - 2 - 212 | 233 - 3 - 023 | 6333 - 3 - 323 |
  才。    喔              喔再无      当年豪
```

```
| 6 - - 6 0 2̲1̲7̲ | 2 - - - 2̲2̲3̲2̲·3̲ | 3̲ - 3̲ 0 0 0 2̲1̲7̲ |
  饮,        甘露且添        杯。       但空

| 7̲ 1̲7̲6̲ - 6 0 7̲2̲1̲ | 7̲ 1̲7̲6̲ - 6 0 6̲1̲1̲ | 2 - - 2 - 2̲1̲2̲ |
  有,        回天 力,        异时 才。      喔

| 2̲̇ 3̲ 3 - 3 - 0̲2̲3̲ | 6̲3̲3̲3̲ - 3 - 3̲2̲3̲ | 6 - - 6 0 2̲1̲7̲ |
  (喔) 再无    当年豪 饮,        甘露且

                      1=D
| 2 - - - 2̲2̲3̲2̲·3̲ | 3̲ - 3̲ 0 0 0 2̲1̲7̲ | 7̲ 1̲7̲6̲ - 6 0 7̲2̲1̲ |
  添         杯。      但空有,      回天

| 7̲ 1̲7̲6̲ - 6 0 6̲1̲1̲ | 2 - - 2 - 2̲1̲2̲ | 2̲̇ 3̲ 3 - 3 - 0̲2̲3̲ |
  力,        异时 才。      喔         喔

| 6̲3̲3̲3̲ - 3 - 3̲2̲3̲ | 6 - - 6 0 2̲1̲7̲ | 2 - - - 2̲2̲3̲2̲·3̲ |
  再无    当年豪 饮,        甘露且添

| 3̲ - 3̲ 0 0 0 0 | 0 6̲·3̲ 6 - 7̲ | 6 - 2̲ 3 - 6̲1̲ | 7̲ 6̲ 7̲3̲3̲ - 3 |
  杯。       莫使周 郎儿  戏, 错怪 东坡夫子,岸

           1=C
| 3̇ - 0 0 5 6 | 6 - - - - - ||
  上      长新 苔。
```

汉宫春·会稽秋风亭观雨
（稼轩原韵）

亭上秋风，记去年袅袅，曾到吾庐。山河举目虽异，风景非殊。功成者去，觉团扇[1]、便与人疏。吹不断，斜阳依旧，茫茫禹迹[2]都无。

千古茂陵词[3]在，甚风流章句，解拟相如[4]。只今木落江冷，眇眇愁余[5]。故人书报，莫因循[6]、忘却莼鲈[7]。谁念我、新凉灯火，一编太史公书[8]。

注释：

1. 团扇：西汉汉成帝之妃班婕妤受到冷落，曾作《团扇诗》，以入秋后团扇使用渐少比喻人被遗忘冷落。

2. 禹迹：相传大禹治水时走遍九州，"禹迹"指中原疆域。

3. 茂陵词：指汉武帝《秋风辞》。茂陵，汉武帝的陵墓。

4. 相如：指西汉文学家司马相如，代表作有《子虚赋》《上林赋》《长门赋》等。

5. 木落江冷，眇眇愁余：屈原《九歌·湘夫人》："帝子降兮北渚，目眇眇兮愁予。袅袅兮秋风，洞庭波兮木叶下。"

6. 因循：耽误。

7. 莼鲈：见《湘月·五湖旧约》注11。

8. 太史公书：指司马迁《史记》。

赏析：

辛词之用典向来密集，此篇亦不例外。但典故并非独立出现，而是紧紧与作品内容相扣合，由秋风袅袅之清冷，到团扇渐疏之怨愤，再到木落江冷之失意，作品的情绪降至最低，而稼轩仍然奋起一笔，"一编太史公书"正是他倔强抵抗入侵、积极处世的体现。

汉宫春·次韵稼轩
（白石原韵）

云日归欤[1]。纵垂天曳曳[2]，终反衡庐[3]。扬州十年一梦[4]，俯仰差殊[5]。秦碑[6]越殿[7]，悔旧游、作计全疏。分付与、高怀老尹[8]，管弦丝竹宁无。

知公爱山入剡[9]，若南寻李白，问讯何如。年年雁飞波上，愁亦关予。临皋领客，向月边、携酒携鲈[10]。今但借、秋风[11]一榻，公歌我亦能书。

注释：

1. 归欤：《论语·公冶长》："子在陈曰：'归欤！归欤！'"范成大诗："追比良辰公事少，天恩倘许赋归欤。"

2. 垂天曳曳：《庄子·逍遥游》中形容鹏鸟高飞展翅："翼若垂天之云。"

3. 衡庐：衡山、庐山的合称，一说指以衡木为门的简陋房屋，均指退隐之地。

4. 扬州十年一梦：见《扬州慢·淮左名都》注6。

5. 差殊：有些微不同。见《玲珑四犯·越中岁暮闻箫鼓感怀》注3。

6. 秦碑：指秦始皇登会稽秦望山，命李斯刻下的石碑。

7. 越殿：春秋时越国的宫殿，泛指吴越一带遗留的古代宫殿。

8. 老尹：指辛弃疾。尹，官职名。辛弃疾时任绍兴知府兼浙东安抚使。

9. "知公"句：谓辛弃疾游于剡山一带，可以与爱好此地的李白引为同道。

10. "临皋"句：谓苏轼《后赤壁赋》中所记之事。临皋，指临皋亭，在湖北黄冈。

11. 秋风：指辛弃疾所建秋风亭。

赏析：

　　此篇是与辛弃疾唱和之作，显然受到辛词豪迈之气的感染。但姜夔仍然保留了清健的特征。

汉宫春·君莫归欤[1]
（翻稼轩、白石旧韵）

　　君莫归欤。料高原似海，难得星庐。无非对天仰望，雪顶悬殊。胸襟眼界，问何人、心浅头疏。当此教、今生非我，来生我亦全无。

　　长江顺流万里，载滔滔日月，万古何如。东坡最能怀旧，愁对新予。江东父老，小儿郎、寻似秋鲈[2]。都过去、平湖作乐，年年买醉焚书。

注释：

　　1. 归欤（yú）：返回家乡。《论语·公冶长》："子在陈曰：'归欤！归欤！'"范成大诗："追比良辰公事少，天恩倘许赋归欤。"

　　2. 秋鲈：见《湘月·五湖旧约》注11。

永遇乐·京口北固亭怀古
（稼轩原韵）

千古江山，英雄无觅，孙仲谋[1]处。舞榭歌台，风流总被雨打风吹去。斜阳草树，寻常巷陌，人道寄奴[2]曾住。想当年，金戈铁马，气吞万里如虎[3]。

元嘉草草[4]，封狼居胥[5]，赢得仓皇北顾。四十三年[6]，望中犹记，烽火扬州路。可堪回首，佛狸祠[7]下，一片神鸦[8]社鼓。凭谁问：廉颇老矣，尚能饭否[9]？

注释：

1. 孙仲谋：三国时吴王孙权，字仲谋。

2. 寄奴：南朝宋武帝刘裕小名，有卓越的政治军事才能。

3. "想当年"句：刘裕曾两次领晋军北伐，收复洛阳、长安等地。

4. "元嘉草草"：元嘉是刘裕子刘义隆年号。刘义隆好大喜功，仓促北伐，却反而让北魏主拓跋焘抓住机会，重创刘义隆兵马。

5. 封狼居胥：狼居胥山，在内蒙古自治区西北部。汉武帝元狩四年（前119）霍去病远征匈奴，歼敌七万余，于是"封狼居胥山，禅于姑衍"。积土为坛于山上，祭天曰封，祭地曰禅，古时用这个方法庆祝胜利。南朝宋文帝刘义隆命王玄谟北伐，玄谟陈说北伐的策略，文帝说："闻王玄谟陈说，使人有封狼居胥意。"词中用"元嘉北伐"失利事，以影射南宋"隆兴北伐"。

6. 四十三年：辛弃疾于宋高宗绍兴三十二年（1162），从北方抗金南归，至宋宁宗开禧元年（1205），任镇江知府登北固亭写这首词时，前后共四十三年。

7. 佛（bì）狸祠：拓跋焘小名佛狸。元嘉二十七年

（450），他曾反击刘宋，两个月的时间里，兵锋南下，五路远征军分道并进，从黄河北岸一路穿插到长江北岸。在长江北岸瓜步山建立行宫，即后来的佛狸祠。

8. 神鸦：指在庙里吃祭品的乌鸦。社鼓：祭祀时的鼓声。整句话的意思是，到了南宋时期，当地老百姓只把佛狸祠当作供奉神祇的地方，而不知道它过去曾是异族皇帝的行宫。

9. "廉颇"二句：廉颇，战国时赵国名将。《史记·廉颇蔺相如列传》记载，廉颇被免职后，跑到魏国，赵王想再用他，派人去看他的身体情况，廉颇的仇人郭开贿赂使者，使者看到廉颇，廉颇为之米饭一斗，肉十斤，被甲上马，以示尚可用。使者回来报告赵王说："廉颇将军虽老，尚善饭，然与臣坐，顷之三遗矢矣。"赵王以为廉颇已老，遂不用。

赏析：

　　较之于《汉宫春》，此篇典故更加集中，情感也更为雄健。辛弃疾创造了词史上前所未有的"英雄"形象，军事意象的融入、抗争不息的精神，至今仍然富有感染力。

永遇乐·次稼轩北固楼词韵
（白石原韵）

云隔迷楼[1]，苔封很石[2]，人向何处。数骑秋烟，一篙寒汐，千古空来去。使君[3]心在，苍厓绿嶂，苦被北门[4]留住。有尊中酒差可饮，大旗尽绣熊虎[5]。

前身诸葛[6]，来游此地，数语便酬三顾。楼外冥冥，江皋隐隐，认得征西路[7]。中原生聚[8]，神京[9]耆老，南望长淮金鼓。问当时、依依种柳[10]，至今在否？

注释：

1. 迷楼：隋炀帝所建，与镇江北固山隔江相对。
2. 很石：在北固山甘露寺内，状如伏羊，称为"很石"。相传孙权曾与刘备于此议事。
3. 使君：指辛弃疾。
4. 北门：唐时裴度年逾七十被起任，镇守北门。此处北门指南宋朝廷的北方边境门户，即镇江一带。
5. "有尊中"句：东晋时军事家桓温曾曰："京口酒可饮，兵可用。"此处以桓温比辛弃疾。
6. 前身诸葛：以诸葛亮比辛弃疾。三顾，指刘备三顾茅庐之事。
7. 征西路：桓温曾拜征西大将军。
8. 生聚：繁殖人口，积聚物力。
9. 神京：指北宋都城汴京。
10. 依依种柳：见《长亭怨慢·又来也》注2。

赏析：

此篇称赞辛弃疾的才能，对收复河山心怀期待，是姜词中不多见的雄健阔大之语。理解姜夔，决不应遗漏这一方面。

永遇乐·天命浮云
（翻稼轩、白石旧韵）

　　天命浮云，如今立事，魂失身处[1]。半世无非，一生何必，舍利抛名去。云南茅屋，山东苦竹，总得有人来住。妙生花、浮尘往事，几曾似马如虎。

　　天笼困日，一番悲切，任尔前瞻后顾。大气当中，往来寒暑，忘却来时路。斜阳瑟瑟[2]，寒鸦阵阵，耳畔晨钟暮鼓鼓。都放下、人间无奈，问君在否？

注释：

　　1.魂失身处：意近"失魂落魄"，形容心神不定。

　　2.瑟瑟：指碧绿色。白居易《暮江吟》："一道残阳铺水中，半江瑟瑟半江红。"

永遇乐·君且从容
（次韵稼轩、白石旧词）

扫一扫，听古调新歌

　　君且从容，无名无辱，随意安处。大道无形[1]，天罡[2]已满，非我由他去。心不在此，无妨戏说，那个神仙能住。种阴阳，一符万相，谁家太极骑虎。

　　山中拜佛，人前求道，但有方圆便顾。蜗角虚名，蝇头微利[3]，生死同归路。有人拿起，有人放下，赢得寒碑涩鼓。更登楼、江山万古，苟能记否？

注释：

　　1. 大道无形：老子《道德经》："大方无隅，大器晚成，大音希声，大象无形。"

　　2. 天罡：古代指北斗七星的柄，道教认为北斗丛星中有三十六个天罡星、七十二个地煞星。

　　3. 蜗角虚名，蝇头微利：苏轼《满庭芳》："蜗角虚名，蝇头微利，算来着甚干忙。"

新 歌

君且从容

《永遇乐·君且从容》——次韵稼轩、白石旧词

金 宝 词
王晨旭 曲

1=C 4/4
潇洒地 ♩=72

君且从容,无名无辱,随意安处。大道无形,天罡已满,非我由他去。心不在此,无妨戏说,那个神仙能住。种阴阳,一符万相,谁家太极骑虎。

间奏

君且从容,无名无辱,随意安处。大道无形,天罡已满,非我由他去。心不在此,无妨戏说,那个神仙能住。种阴阳,一符万相,谁家太极骑

古调新歌

间奏

$\stackrel{6}{7}$ - - - | 5 3 3 3 2 2. | 2 3 2 2 7 7 $\dot{2}$ |
虎。　　　　　　山中拜佛，人前求道，但

| $\dot{1}$ $\dot{1}$ $\dot{1}$ 7 3 | 6 - - - | 1 2 6 3 3 5 6 6 | 3 6 7 7 6 6 6 |
有方圆便顾。　蜗角虚名，蝇头微利，生

| 2 - 3. 2 7 7 | 7 - 3. $\stackrel{5}{6}$ 6 7 6 | 0 $\stackrel{3}{3}$ 2 0 3 6 |
死同归路。　有人拿起，有人放下，

| 6 3 3 3 6 $\stackrel{2}{3}$ | 3 6. 6 3 3 5 | 6 5 5 6 3 3. | 5. $\stackrel{5}{6}$ 6 3 6 |
赢得寒碑涩鼓。更登楼、江山万古，苟能记

| 6 - - - | 6 - - - ‖: 6 5 5 6 3 3. | 5. $\stackrel{5}{6}$ 6 3 6 |
否？　　　　　　江山万古，苟能记

| 6 - - - | 6 - - - ‖
否？

从重拾白石古韵的起意到对唐宋散佚古乐的寻找，从十二首古调的复原到二十首新歌的写作录制，词曲作者共用两年的时间。书中所涵盖的词调歌曲，其脉络广泛涉及唐宋文人音乐、民间音乐、宫廷音乐。二十首新歌通过当代音乐分析及作曲技术手段，对八百年前的"白石道人歌曲"进行了基因提取，在保证其古韵的前提下，对不同歌曲的姜夔古词、金宝古体词加以不同尺度和风格的重新创作。这份著于姜夔仙游八百年后的著作，被我们看作是对中国古典文学艺术巨匠姜夔的最好报答。

《古调新歌——白石道人歌曲续编》自2020年创作伊始便获得了来自中央音乐学院、中国音乐学院、北京大学、沈阳音乐学院、鞍山师范学院、辽宁民族乐团、南方歌舞团和北京现代音乐学院的鼎力支持。

在本书编写过程中，北京大学柯子衿负责文字的审校、旁注、赏析以及姜夔简介的编写工作；吴宛霖、温浩铭、王宝锋负责五线谱、简谱打谱及部分制图、审校工作；中央音乐学院赵浩良、詹文博、林柯帆负责声音编辑、母带缩混工作；沈阳音乐学院冯文鹏、蒋欣儒老师，北京现代音乐学院杨长青老师，中央音乐学院陈芷茵、陈兆天分别负责一些歌曲的演唱艺术指导及统筹工作；鞍山师范学院负责新歌公众号发布、宣传等工作。

由衷感谢中央音乐学院CAC阿卡贝拉社、中国音乐学院演唱家伊里奇博士、南方歌舞团青年演唱家马金蕊女士、辽宁民族乐团演奏家刘磊先生、北京大学王珺瑶女士、中央音乐学院青年古琴演奏家张若诗先生对该书出版所提供的帮助。

我们深知用两年的时间在一个中国古代音乐巨匠身上挖掘分析、探索研究、整理创新或许是不太够的。几经追寻，却发现似乎仅借姜夔得窥唐宋音乐优秀遗产于万一。再者，虽该书的主要创作者都具有某些跨专业领域的修养底蕴，却显然微不足道。然出于对姜夔其作的热爱和其人的敬仰，我们只能潜心躬耕，怀揣"雪芹公"之心呕心沥血、日以继夜，以期为更多人认识姜夔、了解姜夔、学习姜夔打开方便之门。

悲分析创作视野、思路之缚，哀音乐文学修养、学识之限，笔下所及，难免不周。若有欠妥之处，万望方家斧正！若有后来者，或能借由我们的探索成果，能根据这满纸荒唐，找到自己的梦里花园，甚至成为另一个姜夔，为推动中国优秀传统文化复兴做出比我们更进一步的贡献。待那时，且和我梦里笔谈，勿需见戴。更无忘告翁，盼捷报飞来！

图书在版编目（CIP）数据

古调新歌：白石道人歌曲续编 / 金宝，王晨旭著. 一上海：文汇出版社，2022.8
ISBN 978-7-5496-3823-9

Ⅰ.①古… Ⅱ.①金… ②王… Ⅲ.①宋词－作品集－南宋 Ⅳ.①I222.844.2

中国版本图书馆CIP数据核字（2022）第126766号

古调新歌：白石道人歌曲续编

著　　者 / 金　宝　王晨旭
校　　注 / 柯子衿
责任编辑 / 吴　斐
装帧设计 / 周　丹

出版发行 / 文匯出版社
　　　　　上海市威海路755号
　　　　　（邮政编码200041）
印刷装订 / 苏州市大元印务有限公司
版　　次 / 2022年8月第1版
印　　次 / 2022年8月第1次印刷
开　　本 / 787×1092　1/16
字　　数 / 50千
印　　张 / 9.75

ISBN 978-7-5496-3823-9
定　　价 / 68.00元